Couverture: Heemskerck: *Saint Luc peignant la Vierge*, détail, (Musée des Beaux-Arts de Rennes).

Dépôt légal 2ᵉ trimestre 1987
© Musée des Beaux-Arts de Rennes, France
I.S.B.N. 2 901430 14 7
Réalisation Média-Graphic, Rennes

Première idée

MUSÉE DES BEAUX-ARTS DE RENNES

12 juin - 14 septembre 1987

Que tous les prêteurs qui ont permis par leur généreux concours la réalisation de cette exposition trouvent ici l'expression de notre gratitude.

M. le Préfet, Commissaire de la République du Département de la Savoie
Mme Naudet, Mme de Vitton, M. Capia, M. de Lastic
et tous ceux qui ont désiré garder l'anonymat.

Caen	Musée des Beaux-Arts Mme Debaisieux, Conservateur du Musée M. Tapié, Conservateur
Chateaugiron	Fonds Régional d'Art Contemporain, Bretagne
Compiègne	Musée National du Château M. Moulin, Conservateur en Chef
Grenoble	Musée de peinture et de sculpture M. Lemoine, Conservateur en Chef
Le Havre	Musée des Beaux-Arts Mme Testanière, Conservateur du Musée Mlle Cohen, Conservateur
Paris	Bibliothèque nationale Mme Laure Beaumont, Directeur du Cabinet des estampes et de la photographie École Nationale Supérieure des Beaux-Arts M. Werhlin, Directeur Mlle Jacques, Conservateur de la Bibliothèque et des collections Mlle Brugerolles, Conservateur M. Grunchec, Conservateur Conservation des Objets d'Art des Églises de Paris M. Brunel, Conservateur Musée d'Histoire de la Médecine M. Pons, Conservateur Musée National Jean-Jacques Henner M. Cheyssial, Conservateur Musée du Louvre, Département des Peintures M. Laclotte, Inspecteur Général M. Rosenberg, Conservateur en Chef Musée du Louvre, Département des Arts Graphiques Mlle Bacou, Conservateur en Chef Mlle Duclaux, Conservateur Musée du Petit Palais Mlle Burollet, Conservateur en Chef
Rouen	Musée des Beaux-Arts M. Bergot, Conservateur en Chef
Senlis	Musée d'Art et d'Archéologie Mlle Amanieux, Conservateur
Tours	Musée des Beaux-Arts M. Nicourt, Conservateur
Troyes	Musée des Beaux-Arts Mme Rouquet, Conservateur

Commissariat de l'exposition
Catalogue
Patrick RAMADE
Conservateur au Musée des Beaux-Arts de Rennes.

Nos remerciements s'adressent à tous ceux qui nous ont aidé par leurs conseils ou leur concours :

M. Aubrun	V. Huchard
R. Barrié	R. Hurel
T. Barruel	L. Legeard
J.C. Baudequin	P. Lelièvre
M. Berhaut	I. Lemaistre
J. Bialostocki	J. Le Moal
S. Blottière	R. Le Bihan
A. Bréjon	W. Mc Allister Johnson
M.C. O'Brien	D. Maurice Denis
G. Bresc	E. Melas Kyriazi
E. Brugerolles	H. Naudet
A. Cariou	C. Neffe
A. Caubet	H. Oursel
A.G. Cohen	L.A. Prat
J.P. Cuzin	W.R. Rearick
A. Davy	P. Rivé
F. Dijoud	P. Rosenberg
B. Ducrot	A. Roy
J. Foucart	J.P. Sainte-Marie
J.R. Gaborit	M.J. Salmon
J. Grosset	J.P. Samoyault
E. Hajdu	A. Scottez Dewanbrechies
C. van Hasselt	P. Vaisse
F. Heilbrun	C. Yauschew

Et pour leur contribution particulière : Sylvie Béguin et Philippe Grunchec

Manuéla Masquelier, Conservateur stagiaire, a collaboré à tous les stades de la préparation de l'exposition avec zèle, enthousiasme et compétence ; elle a rédigé l'indispensable *répertoire* qui fait le point sur l'étude de la collection dans le cadre particulier de notre thème.

Jean Aubert, Conservateur du Musée des Beaux-Arts de Rennes a soutenu et encouragé ce projet dès sa naissance, nous avons pu bénéficier de son appui et de ses conseils, qu'il trouve ici l'expression de notre reconnaissance.

Secrétariat de l'exposition : Marie-Thérèse Coupard, Monique Floc, Jacqueline Sclaresky, Maurice Lemarié.

Dactylographie du catalogue : Patricia Darius.

Photographie : Louis Deschamps.

Montage de l'exposition : atelier du musée dirigé par Jean Méhault : Emmanuel Souchet, François Gaulay, Gérard Létendard, Claude Fontaine, Bernard Collet, Eugène Lefoul, Jacques Jordaens, Christian Guilloux.

Que tous soient ici remerciés pour leur efficacité et leur diligence.

Fig. 1. Heemskerck (1498-1574), *Saint Luc peignant la Vierge* (Musée des Beaux Arts de Rennes).

Éloge du créateur

Sous le regard de saint Luc les générations de peintres se succèdent transfigurant les mythes du passé et les fantasmes du présent. Car il est vrai que l'artiste inscrit pour l'avenir les signes d'émotions, au long d'une recherche graduée, exprimée dans une succession d'œuvres qui vont de la première idée à l'œuvre achevée. Mais c'est à l'historien qu'il appartient d'en rechercher les liens, d'en analyser les correspondances, d'en déceler les filiations. Les témoignages ici rassemblés et étudiés ont en commun le fait d'appartenir à une chaîne de création dont ils constituent la mémoire objective. C'est en fonction de cet intérêt particulier qu'ils ont été choisi, souhaitons qu'ils acquièrent une valeur exemplaire et démonstrative.

En se plaçant sous le double patronnage d'un médecin et d'un évangéliste, et donc aussi d'un savant et d'un témoin, le peintre se définit lui-même autant comme un praticien que comme un intellectuel. Le choix d'un tel emblème dépasse le simple symbole, il matérialise l'ambition d'un idéal qui prend corps à la Renaissance. Le développement de la théorie des arts (qui est le fait des artistes eux-mêmes, à son début du moins) tout comme la pratique de l'autoportrait (parfois déguisé sous les traits de saint Luc) constituent autant de sources d'analyses et de références sur le processus de la création. Dès le début s'est posé la question, inhérente aux arts plastiques, de la matérialisation de l'idée et d'une réflexion sur la représentation en dehors de toute esthétique : le débat s'est vite cristallisé autour des notions de *Nature* et de *style*. Pour Léonard la Nature doit inspirer mais

7

* « La tâche de l'esprit réside dans le choix, la division, et la mise en ordre de choses de cette espèce qui confèrent à l'œuvre sa dignité. L'office de la main de l'homme c'est la réunion, l'assemblage, la coupe, la rognure, le polissement, le travail attentif et autres choses de cet ordre qui donnent à l'œuvre sa grâce particulière ».

Alberti, *De Re Aedificatoria,* liv. VI, chap, IV.

* ... les esquisses ont précisément, sous ce rapport, le plus haut intérêt, parce qu'elles font assister au miracle de l'exécution ; on y voit l'esprit passer tout entier dans la main qui, avec la plus grande facilité, sans tâtonnement, par une création instantanée, produit tout ce qui est dans l'esprit de l'artiste. »

Hegel, *Esthétique,* III, I, 3, c.

* « Dans l'atelier d'un artiste sont partout écrites les tentatives, les expériences, les divinations de la main, les mémoires séculaires d'une race humaine qui n'a pas oublié le privilège de manier. »

Henri Focillon, Éloge de la main, in *La Vie des Formes.*

* « N'as-tu jamais regardé les poètes qui composent leurs vers ? Ils ne se fatiguent pas à tracer de belles lettres, et ne se font pas scrupule de barrer certains vers, pour les refaire meilleurs. Dispose donc, peintre, les membres de tes figures en gros, et veille d'abord à ce que les mouvements soient appropriés à l'état d'esprit des êtres qui occupent ta composition, et ensuite seulement à la beauté et à la qualité de leur détail. »

Léonard de Vinci, *Traité de la peinture,* éd. 1987, p. 333.

non asservir. L'acte de peindre est un acte d'indépendance et de liberté, une aventure intellectuelle. En développant son principe de la *pittura cosa mentale* Léonard place d'emblée le peintre comme un médiateur entre le monde des idées, invisible, et le monde des formes, visible. Ce type de lutte entre l'esprit et la main dont les esquisses et les dessins préparatoires nous livrent les effets les plus évidents, a toujours été ressenti comme le cœur même de l'exercice du métier d'artiste. Pour Alberti*, Hegel* ou Focillon* le geste créateur est interprété comme une *pensée en action.*

Lorsque Heemskerck représente saint Luc (fig. 1), il nous renvoit cette image idéale de la création picturale, il fait, nous semble-t-il, aussi bien œuvre de peintre que de théoricien. Selon le concept de son temps, peindre est l'expression d'un savoir, *du* savoir. Lorsque le peintre rend visible l'*exécution* d'un portrait, il nous persuade que nous sommes témoins d'un acte magique et scientifique (les choses sont-elles si distinctes à cette époque ?) ; les nombreux symboles présents dans l'œuvre sont là pour nous le rappeler. Le panneau sur lequel s'esquisse le double portrait de la Vierge et de Jésus n'est pas seulement le centre géométrique de la composition, c'est aussi le lieu où se projette un ensemble de phénomènes qui dépassent la simple action de peindre, pourtant essentielle, et d'ailleurs évoquée doublement avec cette ombre de la main, comme si le geste explicite ne suffisait pas, comme si l'acte fondamental du peintre ne pouvait se passer du mystère que recèle toute ombre. En témoin de son temps Heemskerck apporte lui aussi une contribution éclatante à la définition de l'*homo pictor,* dont l'émergence caractérise l'époque de la Renaissance, entrevue alors comme la réconciliation de l'*homo faber* et de l'*homo sapiens.* La complémentarité et la concurrence de ces deux derniers concepts peuvent en partie expliquer la progression ou la régression de la pratique artistique.

Il nous semble que la manifestation de la première idée, où dans le geste décisif de l'ébauche s'exprime les intentions du créateur, soit un moment adéquat pour scruter et interroger, tant la peinture par nature art définitif et synthétique, est chargée de formes et de signes. D'où l'importance de s'arrêter sur ces moments capitaux où les choix sont encore possibles et les options envisageables. Mais de quels documents disposons nous pour cette enquête ?

Il convient, raisonnablement, de relativiser l'ampleur de notre projet en constatant que le champ de notre interrogation se limite au seul legs du passé, car toute l'histoire de l'art demeure en grande partie subordonnée à une archéologie préalable. Dès lors comment rechercher ces *premières idées* ? Deux types de documents s'offrent à nous : le témoignage *direct* que constitue un dessin, une esquisse, une maquette, et le témoignage *indirect* des archives : journal d'artiste, correspondance... Les œuvres elles-mêmes font l'objet de cette exposition et nous ne cesserons d'y revenir tant leur proximité exaltante nous semble indispensable ; mais arrêtons nous un instant sur le document écrit. La métaphore littéraire est un thème fréquent de la critique artistique* mais les œuvres littéraires d'artistes, ne serait-ce que sous la forme du journal, sont rares. Nous voudrions prendre deux exemples parmi des textes récemment publiés : le *Journal* de Pontormo [1] et celui de Delacroix [2]. Le premier, qui concerne les années 1554 à 1556, renseigne sur la personnalité, sur l'homme, mais assez peu sur le créateur. Ces feuilles arrachées à l'oubli nous informent beaucoup sur la vie quotidienne d'un artiste mais ne donnent pas la mesure du génie de peintre et de dessinateur du maître florentin. Le journal de Delacroix se présente très différemment, la période concernée est beaucoup plus grande (1822-1863), le ton est celui de la confidence, les détails, les anecdotes fourmillent. Mais pour ressentir au plus près les émotions de l'artiste, ne devons-nous pas nous tourner vers les études et les croquis du peintre ? A ce titre, le plus extraordinaire journal de peintre serait les carnets dessinés et aquarellés par Delacroix lors de son voyage au Maroc. Le conseil donné par le grand romantique est à ce sujet on ne peut plus explicite : « Apprenez à dessiner et vous aurez votre pensée au bout de votre crayon comme l'écrivain au bout de sa plume » [3].

Quand bien même les textes renseigneraient, l'historien d'art reconnaît aux œuvres une valeur inégalable. Conscient de cette situation, les chercheurs actuels ont délaissé quelque peu la théorique et l'esthétique, pour se consacrer à la recherche des œuvres, à leur authentification, leur attribution. Dans ce projet interviennent aussi la recherche de l'exacte chronologie, de la datation. Et pour notre champ d'intérêt qui concerne toute la partie amont de l'œuvre achevée, ce type de prospection demeure fondamental. Plus qu'à la constitution de catalogues sûrs et précis, il permet surtout de mieux comprendre et de mieux apprécier. Sans privilégier cette recherche d'identification, on conçoit que dans le domaine des œuvres préparatoires, elle est fondamentale. Il est juste de penser que la personnalité de Rubens se trouvera modifiée dès lors que sera mieux estimé le rôle de ses esquisses, de ses dessins (nº 16) et à partir de là, sans doute, la complexe question de la participation de l'atelier.

A cet égard, le rôle des collectionneurs a été fondamental. C'est très souvent à partir de leurs legs que se sont constituées les grandes collections publiques actuelles. Quelques grands noms sont connus, certains étudiés ; mais à propos du phénomène sous-jacent et tout aussi fondamental, du goût, de la mode esthétique, nos sources de renseignement s'amenuisent fortement. Dans le domaine du dessin et de l'esquisse on en revient toujours au cas prototypique de Vasari, lequel en tant que peintre acceptait le relâchement de l'exécution uniquement dans le cas de l'esquisse et sous le « feu de l'inspiration », il possédait outre la prestigieuse collection de dessins (dont certaines feuilles sont ici exposées, nº 1), une esquisse à l'huile sur papier de Tintoret. Au sujet des premiers collectionneurs, les éléments donnés par J. Giltay sont précieux [4]. Il semble qu'au début, ce soit les artistes eux-mêmes qui collectionnèrent les esquisses, Rubens possédait des esquisses de Titien, Véronèse et Tintoret. Haskell [5] cite les collections de Ferdinand de Medicis (1663-1713) qui comportaient notamment des esquisses de Sebastiano Ricci, celles de Francesco Algarotti riches des études de Tiepolo.

Notre connaissance des œuvres préparatoires doit beaucoup à ces pionniers. Car avant le XIXe siècle la notion d'esquisse ou d'étude en liaison avec une œuvre connue apparaît exceptionnellement. C'est le caractère *esquissé* de l'exécution qui retient l'attention mais la valeur intrinsèque de ces ébauches comme compréhension d'une genèse est rarement apprécié. C'est pourtant dans ce domaine que l'érudition moderne a réalisé ses plus belles conquêtes. Notre approfondissement de l'art du dessin repose en grande partie sur les rapports et les liens de cette technique avec la peinture, puisque malgré l'évolution des styles, les peintres se sont généralement faits dessinateurs pour mettre en forme et réaliser leur première idée. Mises à part les exceptions fameuses (Caravage, Georges de La Tour et quelques

9

autres) les grands peintres nous sont aussi connus par leur œuvre dessiné. C'est souvent par la connaissance et la publication de dessins nouveaux que progresse notre approche de l'œuvre peint des maîtres, et vice-versa. Mais la conception « attributionniste » de l'histoire de l'art n'est assurément pas la seule à pouvoir expliciter le phénomène de la création, il y a lieu de penser avec Francis Haskell [6] que d'autres approches de cette science seraient capables de susciter d'utiles découvertes.

Ainsi les choses ne sont pas figées et notre propos échouerait s'il contribuait à donner une image statique de l'état de nos connaissances. Ces dernières évoluent, et souvent vite, mais tout est fonction de notre *regard*. Celui-ci ne cesse de se transformer au long des siècles, au long des modes. Pour Vasari, l'inévitable référence des historiens d'art, l'esquisse et son exécution relachée sont le signe « des efforts qui ne vont pas sans quelque fière énergie ; mais tout cela disparaît dès que le travail approche à sa fin : on voit alors s'effacer toutes les qualités suscitées par la fureur primitive. Bien souvent l'artiste qui achève son travail s'attache au détail et perd de vue l'ensemble, son élan se refroidit, la veine de son énergie se tarit peu à peu » [7]. Lorsque Giordano (1634-1705) est surnommé *Fa presto* il faut y voir une allusion, sinon une critique, à la virtuosité, au faire rapide du maître dont les solutions faciles liées à une exécution prompte, proche de l'esquisse, n'entraînent pas l'adhésion de tous les contemporains. L'exemple de Titien demeurera pour toujours exemplaire, en intégrant la technique de l'esquisse à son style, il ne cède en rien à une quelconque facilité, il trouve avant tout le moyen de rendre encore plus sensible l'extraordinaire synthèse qui caractérise la maturité du peintre. L'art de l'esquisse n'est jamais mieux accepté que lorsqu'il apparaît comme un moyen et non comme une fin.

Au XVIIIᵉ siècle, Diderot reconnait être sensible à l'esquisse. « Pourquoi une belle esquisse nous plaît-elle plus qu'un beau tableau ? C'est qu'il y a plus de vie et moins de formes. A mesure qu'on introduit des formes la vie disparaît... Pourquoi un jeune élève incapable même de faire un tableau médiocre fait-il une esquisse merveilleuse ? C'est que l'esquisse est l'ouvrage de la chaleur et du génie, et le tableau l'ouvrage du travail... L'esquisse ne nous attache peut être si fort que parce qu'étant indéterminée, elle laisse plus de liberté à notre imagination, qui y voit tout ce qui lui plait. C'est l'histoire des enfants qui regardent les nuées et nous le sommes tous plus ou moins » [8]. Mais cette vision, cette acception préromantique de l'ébauche, n'aura que peu de durée et l'esthétique néo-classique en valorisant l'exécution froide et impersonnelle refusera du même coup les signes de la spontanéité. Encore que les portraits de David, ceux des années 1790, fassent largement usage de la technique de l'esquisse. Cette dernière ne gagnera jamais le genre du portrait officiel et encore moins celui de la peinture d'histoire.

Le XIXᵉ siècle accusera la confusion lorsque les peintres exprimeront leur modernité au moyen d'une technique empruntée à l'esquisse, reconnaissant à celle-ci une valeur esthétique qui ne tardera pas à devenir l'occasion d'une rupture. A cette époque l'esquisse fait plus que jamais partie du métier de peintre. Elle est présente, et d'une façon systématique, à tous les stades de la formation pédagogique de l'artiste (voir chap. 5). Dans l'esprit académique l'œuvre définitive, expression terminale de l'idée, ne saurait être exécutée sans les moyens appropriés : une touche précise et soignée.

Raoul-Rochette, membre de l'Institut, et garant de la doctrine, va jusqu'à écrire : «L'artiste médiocre excelle à faire des esquisses, précisément car c'est tout ce qu'il est capable de faire. Dans ce genre d'œuvre, où l'indécision est inévitable, la facilité est un mérite et l'inexactitude même a du charme »[9]. En dénonçant ainsi les dangers du genre on ne peut qu'y sentir une stigmatisation de la modernité. Comment ne pas voir dans de tels propos les débuts d'un malentendu qui n'est toujours pas éteint. Lorsque les impressionnistes utiliseront l'esquisse d'une façon systématique, dans des œuvres définitives, la rupture sera consommée et l'art officiel n'apparaîtra que plus isolé dans son impasse. Ainsi dans ce cycle constamment renouvelé des modes et des styles, il apparait que certaines époques n'admettent pas que l'artiste puisse aussi s'exprimer par son geste, ne voyant dans l'exécution que la nécessaire transposition d'une démarche intellectuelle. Une partie de nos contemporains refuse l'art de leur temps, mais reconnait à l'esquisse et au dessin préparatoire des qualités et un attrait presque excessifs. Voyons-y le signe d'une prochaine réconciliation.

En rapprochant pour cette exposition ces séries d'études de l'œuvre achevée, nous n'avons pas cherché seulement à être rigoureux mais surtout à établir une certaine vérité historique. A contempler l'étude préparatoire *seule* et *pour elle-même,* nous risquerions fort de tomber dans un piège, le piège de toute approche superficielle et fragmentaire : l'erreur. La réalité de l'œuvre achevée importe tout autant que son esquisse. L'aspect de cette œuvre définitive, qu'il soit voulu par l'artiste ou imposé par l'esthétique dominante, est une réalité qui commande toute la chaîne de la création. L'artiste n'est jamais seul même si l'ébauche concrétise l'originalité du geste créatif. Lorsque Heemskerck représente le peintre saint Luc entouré de symboles culturels de son époque, il fait du créateur un poète pleinement installé dans son temps, entouré d'images et de signes, comme autant de rêves à mettre en forme, d'idées à concrétiser. Bien différente paraît l'image lyrique et solitaire de l'artiste sous l'empire de sa muse, telle que nous la donne Ingres dans ce portrait romantique de Cherubini (fig. 2). Isolé et réduit au seul dialogue avec son inspiratrice, le poète, faute de génie, risque d'être condamné à la stérilité ou au narcissisme. Mais réconcilié avec la culture et pourvu des vertus de la connaissance le créateur saura mieux éviter les écueils de l'aventure solitaire. Ne peut-on penser qu'il en est de même pour le spectateur : introduit et guidé dans le choix de ces œuvres qui jalonnent la création naissante, il saura enrichir et dépasser la simple contemplation par le regard de son intelligence.

Patrick RAMADE

Fig. 2. Ingres (1780-1867), *Cherubini et la muse de la poésie lyrique* (Musée du Louvre).

(1) Journal de Pontormo, édité et commenté par J.C. Lebensztejn, Macula, n° 5-6, 1979, p. 4-43.
(2) *Eugène Delacroix, Journal.* Nouv. éd. 1980, préface de Hubert Damisch.
(3) « De l'enseignement du dessin », *Revue des Deux-Mondes*, sept. 1850. Cité dans Damisch, op. cit., p. XXIII.
(4) Catalogue de l'exposition *Malerei aus erster Hand. Olskizzen von Tintoretto bis Goya.* Rotterdam, Museum Boymans-van Beuningen, Braunschweig, Herzog Anton Ulrich-Museum. 1983-84.
(5) F. Haskell, *Patrons and painters,* 1980, p. 210-213, 229-233.
(6) « Francis Haskell, l'homme des redécouvertes » interview par Alain Mérot, *Beaux-Arts magazine,* janvier 1987, p. 24.
(7) Vasari, *Les vies des meilleurs peintres... Vie de Jacopo Palma,* édition 1984, t. VI, p. 262.
(8) Diderot, *Salons,* texte établi et présenté par J. Seznec et J. Adhémar, Oxford, 1963, III, 1767, p. 241-242.
(9) « Du concours en fait d'ouvrages d'art et de travaux publics », *Revue de Paris,* vol. XX, nov. déc. 1850, p. 118. Cité dans Boime, op. cit. p. 79.

Avertissement

Cette exposition est le fruit d'une étude et résulte d'un choix d'œuvres de la Renaissance à nos jours. Comme toutes les expositions à thème, ou plutôt ici à programme, les organisateurs sont amenés à consulter un très grand nombre d'études et d'ouvrages, ils sont cités en bibliographie mais nous leur sommes redevables de l'essentiel de nos connaissances. Notre réflexion a été nourrie par plusieurs ouvrages récents : deux catalogues d'exposition : « Masters of the loaded bush, oil sketches, from Rubens to Tiepolo ». Introduction de R. Wittkower, Univ. de Columbia, 1967, Gal. Knoedler, New York ; et « Malerei ans erster Hand. Olskizzen von Tintoretto bis Goya », Rotterdam, Braunschweig, 1983-84 ; et bien sûr l'étude de P. Wescher, *La prima idea, Die Entwicklung der Olskizze von Tintoretto bis Picasso,* Munich, 1960.

Le terme *première idée* a été retenu comme une image emblèmatique, notre thème s'étend en fait à l'ensemble du processus créatif y compris l'œuvre achevée dont la présence renforce notre démonstration.

La « règle du jeu » a voulu qu'au moins un des éléments de cette chaîne de la création appartienne aux collections du Musée des Beaux-Arts de Rennes. Notre choix, le plus vaste possible comprend des œuvres de techniques variées : peinture, dessin, sculpture, gravure. Les différents chapitres du catalogue correspondent aux différentes sections de la présentation de l'exposition.

Un *glossaire,* en fin d'ouvrage, fournit les définitions les plus simples des principaux termes techniques liés au travail préparatoire de l'artiste.

Un *répertoire* fait le point de nos connaissances pour l'ensemble de la collection du musée, sur ce sujet particulier.

Analyse
et
Catalogue des œuvres

Notes pour l'utilisation du catalogue :

Les dimensions sont en mètre.

La bibliographie est exhaustive pour les œuvres du Musée des Beaux-Arts de Rennes, elle comprend seulement les références les plus importantes pour les autres œuvres.

Les numéros d'œuvres qui comportent des crochets [   ] ne figurent pas à l'exposition pour des raisons techniques, elles sont représentées par des photographies.

Chapitre *1* Primat du dessin

Au commencement était le trait. Grâce à lui, l'artiste définit la forme, suggère le volume. Les techniques du dessin, qui contiennent en elles toutes les possibilités d'expression d'une démarche analytique, furent tôt reconnues élémentaires par les peintres comme par les théoriciens. Pour Alberti, le premier à exposer de façon théorique les principes de la peinture de la Renaissance, le dessin est la base scientifique de la peinture, il repose en premier lieu sur la notion de « circonscription », c'est-à-dire de la définition du contour, condition préalable à toute représentation. Ces propositions nuancées par Léonard (1) ou par Vasari (2), ne tardèrent pas à être érigées en doctrine dans des expressions diverses, généralement fondées sur les différents types de rapports qu'entretient l'artiste avec la Nature. Dans cette dialectique qui voit s'opposer les notions de *pratique* et de *théorie* du dessin, l'académisme des Carrache, à Bologne dès la fin du XVIᵉ siècle, fit la bonne synthèse et allait s'imposer pour plusieurs siècles : l'élaboration de l'idée créatrice passe par le dessin, dont la maîtrise résulte de l'étude attentive de la Nature, d'où la pratique du modèle vivant.

Ces brefs rappels permettront de mieux situer l'engagement de l'artiste dans cette expression graphique de la première idée élargie à la notion de dessin *préparatoire*, c'est à-dire relié à une œuvre définitive connue. La relation qu'entretiennent les peintres avec le dessin s'exprime d'abord par l'usage qu'ils font de cette technique. Pour les maîtres de la Haute Renaissance le dessin est souvent une manière de *penser la peinture*. Cette attitude se traduit par un graphisme de plus en plus discret au fur et à mesure que l'œuvre s'élabore. Lorsque Filippo Lippi met au point l'attitude d'un roi agenouillé (nᵒ 1) on peut dire qu'il pousse son analyse jusqu'à en faire une peinture dessinée. Macchietti tempère cette démarche mais livre déjà pour chaque corps qu'il étudie une image précise qui correspond bien à celle visible dans la peinture (nᵒ 4). Lehmann, au XIXᵉ siècle, réalise lui aussi son œuvre après en avoir expérimenté toutes les possibilités au moyen du dessin (nᵒ 13). Mais c'est avec une technique mise au point en Italie trois siècles plus tôt qu'il étudie longuement la composition générale, comme l'attitude de chacun des personnages. Barocci dont les études préparatoires de nombreux tableaux sont connues, maintient jusqu'à la fin de sa recherche l'écart entre dessin et peinture (nᵒ 5). Jusqu'au bout des études dessinées il *suggère* la forme et la lumière, modifiant ses choix d'une étude à l'autre mais réservant toujours à l'exécution finale le soin de la précision.

Dans cette catégorie que constitue le dessin préparatoire, la comparaison entre l'étude et l'œuvre achevée peut s'avérer spectaculaire. Lorsque nous mettons en rapport l'étude et la peinture du *Job* de Salvator Rosa (nᵒ 8), nous trouvons dans le dessin une force et une véhémence qui pour nous, spectateur du XXᵉ siècle, prend des accents singulièrement précurseurs. Il semble à peine besoin de marquer les différences fondamentales qui apparaissent entre le dessin et la peinture, tant elles sont évidentes. Avec la plume, Rosa nous transcrit l'isolement dramatique de Job tandis qu'au moyen de la peinture il tente de nous rendre visible la scène, en l'incarnant dans quelques types caractéristiques. Nous avons le droit de préférer l'une ou l'autre de ces œuvres mais nous ne pouvons ignorer que la peinture seule était destinée à la contemplation. Cet exemple montre tout l'intérêt qui existe à comparer la première idée avec l'idée réalisée, mais sans regard critique, historique, ou culturel, nous prenons le risque d'ignorer toutes les richesses d'une démarche devenue alors étrangère.

---

(1) « Peintre de composition, ne dessine pas avec des contours définis les éléments de ta peinture, car il t'arrivera ce qui arrive à beaucoup de peintres de toute sorte... Car tu dois comprendre que si cette esquisse informe finit par s'accorder à ton idée, elle le fera d'autant mieux qu'elle sera relevée de la perfection due à toutes ses parties. »

Léonard de Vinci. *Traité de la peinture,* éd. 1987, p. 332, 333.

(2) « Les croquis dont il a été question un peu plus haut désignent selon nous une première catégorie de dessin : celle où l'on s'attache aux attitudes et à la composition générale de l'œuvre. Ils ont un aspect de tache et sont tracés d'un seul jet. Nés de l'inspiration de l'artiste ils sont rapidement esquissés à la plume ou à l'aide de tout autre instrument... »

Vasari, *Les vies des meilleurs peintres, sculpteurs et architectes,* I, 1550, nouv. éd., 1981, p. 156.

Filippo LIPPI

Florence, 1406 - Spolète, 1469.

1
L'Adoration des Mages

L'attribution de cette feuille prestigieuse qui appartint au « Prince des collectionneurs », Vasari, est partagée entre Filippo Lippi et son élève Pesellino. Pour Berenson il s'agit d'une étude de Filippo Lippi pour le roi agenouillé de *L'Adoration des Mages* de la National Gallery de Washington (n° 1b). C'est cette qualité d'œuvre préparatoire qui justifie la place d'une telle étude dans l'exposition. On reconnaît en fait dans le tableau de Washington, peint vers 1445, une double participation : Fra Angelico et Filippo Lippi ; à ce dernier appartient le berger de l'extrême droite, les mages et quelques personnages de leur suite. Des parties importantes comme la Vierge et l'Enfant reviennent, par contre, à Fra Angelico. On peut penser que l'Angelico ait pu dessiner et peindre une part importante du tondo avant son départ pour Rome (1446), Filippo Lippi achevant l'œuvre et reprenant certains détails comme les personnages agenouillés à gauche. L'attribution à Lippi, confirmée par Berenson dans ses publications postérieures de 1938 et 1961, est adoptée par Fr. Bergot dans le catalogue de l'exposition de 1972, et refusée par Degenhart et Schmitt qui reconnaissent une œuvre de Pesellino, d'après le tableau de Washington.

Le dessin conserve de son passage dans la collection de Vasari ce cadre dessiné à la plume et au lavis semblable en tous points à une autre feuille de Rennes : une *étude de draperies* de Pesellino. On constate dans les deux feuillets le même agrandissement par doublage sur une feuille plus grande, elle aussi de teinte rose. Ce rapprochement des deux œuvres n'éclaire en rien leur attribution respective qu'il est bon de maintenir à deux maîtres distincts, tant les techniques sont différentes. L'inscription de la partie supérieure de l'étude du roi mage daterait du XVIᵉ siècle ; celle, bien différente, de la partie inférieure de la bordure serait du XVIIIᵉ siècle et de la main de Crozat.

La question de l'attribution de cette feuille au maître (Lippi) ou à l'élève (Pesellino) nous renvoie directement à l'un des problèmes posés par les œuvres les plus anciennes de l'exposition : première idée ou reprise par un disciple. Aux affinités stylistiques mises en avant par Berenson, partisan d'une attribution à Lippi, s'oppose l'étude critique de l'histoire de l'œuvre : son montage ancien et ses inscriptions qui mettent en avant une attribution à Pesellino.

1 b

Filippo Lippi
1a. Étude pour un roi agenouillé

Pointe d'argent, rehauts de gouache sur fond préparé rose. H. 0,16 ; L. 0,16. Montage de Vasari collé en plein sur encadrement de papier bleu ; annoté à l'encre brune en haut, à gauche : *di francesco*, sur le montage en bas, à droite : n° 3, au-dessous, *recueil de Vassari*.

Hist. : Collection de Vasari (XVIᵉ siècle), collection Crozat (lot n° 1, 2 ou 3 de la vente de la collection, en 1741), collection Robien, Rennes. Saisie à la Révolution, entré au Musée en 1794.

Inv. : 794.1.2503.

Bibl. : Cat. 1859 : C. 40, p. 66 (Andrea Mantegna). - Cat. 1863 : 3-1 (id.) - Cat. 1871 : id. - Cat. 1876 : id. - Cat. 1884 : id. - Berenson, 1932, 33, p. 17-18, fig. 26. - Berenson, 1938, n° 11 7387, C. - Regoli, 1960, p. 202. - Berenson, II, 1961, n° 1 387, fig. 169.

- Degenhart, Schmitt, 1964, p. 45-64, fig, 10. - Degenhart, Schmitt, 1968, n° 522, p. 531-534, repr. pl. 363.a. - Ragghianti-Collobi, 1974, p. 63-64, repr. 156.

Exp. : Paris, Orangerie, 1956, n° 143, repr. pl. LVIII, 2. - Paris, Rennes, 1972, n° 2, pl. II.

Rennes, Musée des Beaux-Arts.

Filippo Lippi et Fra Angelico
[1b]. L'Adoration des Mages

Huile sur bois. Diamètre 1,372 m.

Inv. : 1 085.

Bibl. : Rusk Shapley, 1979, I, pp. 10-12 ; II, fig. 7.

Washington, National Gallery of Art.

No 3

Recueil de Vassari

l a

Giovanni Agostino da LODI

Pseudo Boccacino, actif en Lombardie, fin XVe, début XVIe siècle.

2
Ange de l'Annonciation

Dès 1938 notre dessin fut attribué à Giovanni Agostino da Lodi par Ragghianti, proposition confirmée par U. Rugerri, D.A. Brown (lettre au dossier ; ouvrage sur Solario à paraître) et S. Béguin (cat. exp. 1985), rejetant ainsi l'hypothèse de L. Cogliati Arano (1963) qui donnait la feuille à Andrea Solario par rapprochement avec le panneau de l'*Annonciation* conservé au Louvre.

C'est déjà une semblable recherche d'œuvre en référence qui avait amené Ragghianti à voir dans notre figure une étude pour l'ange d'un volet d'orgue (n° 2b), conservé à Berlin, (Gemäldegalerie), l'autre volet représentant la Vierge n'ayant pas été retrouvé. Selon G. Fogolari (*Rassegna d'Arte,* 1909, p. 63), il s'agit d'un volet d'orgue provenant de l'église San Basegio de Venise, identification reprise dans le catalogue 1931 mais non par Berenson (1968), ni par le récent catalogue du Musée (1986).

Dans un article à paraître, J.C. Baudequin situera ce dessin dans l'œuvre de G.A da Lodi, notamment par rapport aux dessins de la collection Scholz de New York.

2a. Ange de l'Annonciation

Pierre noire. H. 0,270 ; L. 0,195. Collé en plein sur un montage avec filets à la plume et encadrement de papier bleu. Lacune dans les angles inférieurs et l'angle supérieur gauche. Annoté en bas à gauche : *Pinturiguio,* à droite : *97* et *b* biffé.

Hist. : Ancienne collection du président de Robien, saisi à la révolution, entré au Musée en 1794.

Inv. : 794.1.3035.

Bibl. : Cat. 1859 : C. 118, p. 71 (Pinturicchio). - Cat. 1863 : C. 57, p. 85 (école de Vinci). - Cat. 1873 : id. - Cat. 1876 : id. - Cat. 1876 : id. - Cat. 1884 : id. - Ragghianti, 1938, III, n° 4-6, p. XXVI (G.A. da Lodi). - Cogliati Arano, 1963, p. 151, - id. 1965, p. 99, n° 6 fig. 33-35 (Solario). - Cat. exp. Paris, 1965, p. 217, cité dans n° 262 (G.A. da Lodi). - Ruggeri, 1983, p. 24. - Baudequin, à paraître.

Exp. : Paris, 1985, n° 11, repr.

Rennes, Musée des Beaux-Arts.

[*2b*]. *Ange de l'Annonciation*

Huile sur bois. H. 0,84 ; L. 0,96.

Hist. : Entrée en 1821 avec la collection Solly.

Bibl. : Berenson, 1968, III, pl. 1447-1448. - Gesamtverzeichnis, Gemäldegalerie Berlin, kat. n° 1550, repr. fig. 1059-1060.

Berlin, Gemäldegalerie

2 b

2 a

Paris BORDONE
Trévise, 1500 - Venise, 1571.

3
Vénus et l'Amour

L'étude d'homme du Musée des Beaux-Arts de Rennes
(n° 3a) anciennement classée à Dosso Dossi a été attribuée très récemment à Paris Bordone et publiée comme
telle par Sylvie Béguin (1985). La technique de la pierre
noire, favorite de l'artiste, son utilisation vigoureuse qui
inscrit puissamment la figure dans l'espace, sont caractéristiques de Bordone. L'auteur rapproche très juste-
ment notre dessin de l'étude par la *Bethsabée* de Hambourg conservé aux Offices (1805F) : la position des
jambes est semblable, de même que cette façon typique
de projeter le haut du corps. W.R. Rearick devrait préciser cette attribution en rapprochant ce nu du *Mars,
Vénus et Cupidon* de la Collection royale à Hampton
Court (à paraître dans les actes du Congrès Paris Bordone, Trévise, 1985). Le tableau est étudié par John
Shearman dans son récent catalogue des peintures italiennes de la Collection de la Reine (1983) et présentée
comme une œuvre de l'atelier de Paris Bordone. Mal
conservée, l'œuvre est décevante et présente de nombreux repeints, notamment la tête de Mars et son bras
gauche pour ne citer que le personnage qui nous intéresse. C'est, en effet, au niveau de la position des bras
que se note la seule différence entre le dessin et la peinture. Cette composition est à rapprocher d'une œuvre
autographe de Bordone conservée au Musée Narodowe
de Varsovie (n° 187158) : *Vénus et Cupidon dans un paysage* bien supérieur au tableau d'Hampton Court (fig.
1). La mise en relation du dessin de Rennes avec le
tableau anglais renforce l'idée d'une œuvre exécutée
d'après un modèle du maître de Trévise. Exécution qui a
pu avoir lieu à l'occasion d'un des voyages à l'étranger
de Bordone, même si le support de la peinture (peuplier)
rend probable une origine italienne.

3a. Étude d'homme

Pierre noire, rehauts de blanc. H. 0,34 ; L. 0,25. Collé en plein sur un
montage avec filet à la plume sur encadrement de papier bleu. Annoté
en bas à droite, à l'encre : *Dosse de ferrare* et *75*, à gauche : *Dosso ;*
annoté sur le montage en bas, au centre : *75.*
Hist. : Ancienne collection du président de Robien, saisi à la Révolu-
tion, entré au Musée en 1794.
Inv. : 794.1.2947.
Exp. : N'a figuré à aucune exposition
Bibl. : Béguin, 1985, p. 181-182, fig. 114. - Rearick (à paraître dans
Actes du Colloque Paris Bordone, Trévise, 1985).
Rennes, Musée des Beaux-Arts.

[3b]. Mars, Vénus et Cupidon
(Atelier de Paris Bordone)

Huile sur bois. H. 0,843 ; L. 1,405.
Inv. : 1086.
Bibl. : Shearman, 1983, n° 53, pl. 49.
Hampton Court.

3 b

Fig. 1.

20

3 a

Girolamo MACCHIETTI
Florence, v. 1535 - Florence, 1592.

4
Les Thermes de Pozzuoli

Le regroupement de ces dessins et leur rapprochement du tableau des *Thermes de Pozzuoli* (n° 4a) demeurent l'œuvre de l'érudition moderne (Marcucci, 1953 ; Pouncey, 1962). Le tableau de Macchietti constitue l'un des tableaux du Studiolo de Francesco I de Medicis au Palazzo Vecchio (fig. 1). Commandé en 1569, ce joyau du Maniérisme toscan allait occuper plus de trente cinq artistes placés sous la direction de Vasari, l'ensemble fut achevé en 1575. Ce cabinet précieux installé dans une pièce réduite et isolée à l'intérieur du Palais reste un lieu de délectation et d'émerveillement autant qu'un lieu de travail et de méditation. Restauré en 1910, il regroupe des peintures et quelques sculptures, présentées dans un décor d'ébénisterie sculptée et dorée, surmonté d'une voûte ornée de fresques et de compartiments en stuc. La nature même du lieu commande une iconographie allusive, savante et secrète, élaborée par Vincenzo Berghini, Giorgio Vasari et Francesco lui-même : l'ensemble célèbre les produits de la nature transformés par l'homme ou par l'art, chacun des panneaux étant consacré à l'un des quatre éléments.

Macchietti a exécuté deux peintures pour cet ensemble : *les Thermes de Pozzuoli* et *Médée et Jason.* Le sujet des *Thermes de Pozzuoli* évoque cette localité des environs de Naples dont les eaux naturellement chlorurées et tempérées du sous-sol volcanique, ont depuis l'antiquité été utilisées pour le traitement des rhumatismes.

Scott Schaeffer (op. cit.) a retrouvé quarante deux dessins préparatoires de l'ensemble des peintures du Studiolo, les *Thermes de Pozzuoli,* exécutés entre 1570 et 1573, demeurent la peinture la mieux connue avec neuf dessins conservés (plus une copie), ils concernent tous des études pour des personnages, chacune d'entre elles témoignent d'un stade d'avancement différent dans la recherche de l'attitude définitive. Certaines figures pouvant être des premières idées abandonnées ou transformées lors d'étapes ultérieures de la recherche. Ainsi apparaissent l'*Homme appuyé à une balustrade,* du Louvre (n° 4e), et l'*Homme aux bras ouverts,* de Princeton (n° 4b), dont le graphisme nerveux des formes, encore mal définies, évoque toute la fébrilité de la recherche. Ce dernier dessin pourrait être, comme le remarque Pouncey (op. cit.), une idée pour un *Saint Jérôme* ou une *Lapidation de saint Étienne* si on observe la pierre tenue dans la main droite du personnage. Pour les autres dessins de cette série, l'attitude est trouvée, il s'agit sans doute de l'ultime étape avant l'éxécution peinte. Mais déjà ces études à la sanguine sur papier rose évoquent le tiède alanguissement de ces corps exposés aux vapeurs. Avec toutes ces figures nues en mouvement et harmonieusement disposées dans l'espace, Macchietti contribue au projet des artistes de la Renaissance de faire revivre la perfection antique au moyen d'une nature idéale. Avec Philip Pouncey (op. cit.), nous pouvons situer plus précisément la place de Macchietti dans cette quête, où il se montre héritier de l'expression dramatique de Pontormo et annonciateur d'un certain naturalisme de Jacopo da Empoli.

Fig. 1.

4 a

[4a]. *Les Thermes de Pozzuoli*
Ardoise. H. 1,27 ; L. 1,12. Signé *Gir Macc.*
Florence, Palazzo Vecchio.

4 b

4 c

4 d

4 e

4 f

[4b]. *Homme nu assis, les bras ouverts*

Sanguine et rehauts de blanc sur papier jaune brun. H. 0,209 ; L. 0,167.
Inv. : 48.579
Bibl. : Pouncey, 1962, fig. 3. - Bean, 1966, p. 25, fig. 18. - Schaeffer, 1982, p. 128.
Princeton, Art Museum, Dan Fellows Platt Collection.

4c. *Homme nu à mi-corps s'appuyant sur une balustrade*

Sanguine sur papier préparé rose. H. 0,137 ; L. 0,112. Collé en plein.
Inv. : 10916.
Bibl. : Pouncey, 1962, p. 237, fig. 2. - Monbeig-Goguel, 1972, n° 37, repr. - Schaeffer, 1982, p. 128.
Paris, Musée du Louvre.

4d. *Homme nu étendu sur des marches*

Sanguine sur papier préparé rose. H. 0,142 ; L. 0,208. Feuillet découpé irrégulièrement. Collé en plein.
Inv. : 8819.
Bibl. : Marcucci, 1955, p. 123, fig. 5. - Pouncey, 1962, p. 236, fig. 4. - Monbeig-Goguel, 1972, n° 35, repr. - Schaeffer, 1982, p. 128.
Exp. : Cambridge, 1985, repr.

Paris, Musée du Louvre.

4e. *Homme nu assis*

Sanguine et rehauts de blanc sur papier préparé rose. H. 0,220 ; L. 0,181.
Inv. : 13717.
Bibl. : Pouncey, 1962, p. 237, fig. 1. - Monbeig-Goguel, 1972, n° 36, repr. - Schaeffer, 1982, p. 128.
Exp. : Florence, 1980, n° 288, repr.

Paris, Musée du Louvre.

4f. *Vieillard barbu assis*

Sanguine et rehauts de blanc sur papier préparé rose (traces). H. 0,120 ; L. 0,177. Collé sur un montage avec filets à la plume et encadrement de papier bleu. Annoté à la plume en haut à gauche *149* et en bas à droite : *11* biffé ; à gauche sur la bordure : *92*. Cachet de la Bibliothèque de Rennes en bas à droite.
Hist. : Ancienne collection du président de Robien. Saisi à la Révolution, entré au Musée en 1794.
Inv. : 794.1.2968.
Bibl. : Cat. 1859 : C. 114, p. 85 (éc. ital.). - Cat. 1863 : C. 53-2 (manière de Primatice). - Cat. 1871 : id. - Cat. 1876 : id. - Cat. 1884 : id. - Monbeig-Goguel, 1972, p. 54. - Schaeffer, p. 127 (avec erreur de technique).

Rennes, Musée des Beaux-Arts.

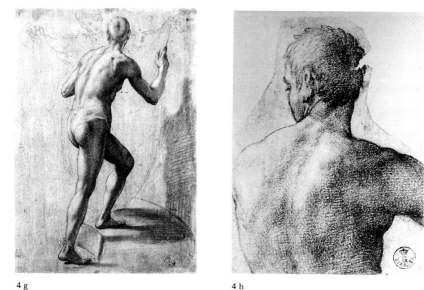

4 g   4 h

4 k

4 i   4 j

[4g]. *Nu sortant du bain*

Sanguine et rehauts de blanc sur papier préparé rose. H. 0,297 ; L. 0,209.
Inv. : 17585 F.
Bibl. : Schaeffer, 1982, p. 128 (Bibl. complète).

Florence, Galleria degli Uffizi.

[4h]. *Étude d'Homme*

Sanguine sur papier préparé rose. H. 0,082 : L. 0,106.
Inv. : 6415 F.
Bibl. : Marcucci, 1953-56, p. 121, fig. 6. - Schaeffer, 1982, p. 128.

Florence, Galleria degli Uffizi.

[4i]. *Étude*

Sanguine et rehauts de blanc sur papier préparé rose. H. 0,077 ; L. 0,140.
Inv. : 12138 F.
Bibl. : Marcucci, 1953-56, p. 121, fig. 8. - Schaeffer, 1982, p. 128.

Florence, Galleria degli Uffizi.

[4j]. *Étude*

Sanguine sur papier préparé rose. H. 0,288 ; L. 0,121.
Inv. : 6414 F.
Bibl. : Marcucci, 1953-56, p. 125, fig. 7. - Schaeffer, 1982, p. 128.

Florence, Galleria degli Uffizi.

[4k]. *Étude*

H. 0,266 ; L. 0,121.
Inv. : 7287 F.

Copie probable du XIXe siècle d'après une étude perdue de Macchietti.
Florence, Galleria degli Uffizi.

Federico BAROCCI
Urbino v. 1535 - Urbino 1612.

5
La Circoncision

Federico Barocci, d'origine provinciale, se forma dans le milieu romain de la suite de Raphaël. Installé à Urbino, il travaille pour la famille ducale et exécute de nombreux tableaux de dévotion, dont cette *Circoncision* peinte en 1590 pour le maître-autel de l'église de la confrérie du Nom de Jésus à Pesaro. Dans ce type d'œuvre monumentale, Barocci s'affranchit de l'influence du Corrège et développe des recherches spatiales et chromatiques qui annoncent l'art baroque. Les études conservées permettent de jalonner l'important travail de recherche que le peintre avait l'habitude d'entreprendre avant l'exécution définitive de l'œuvre et dont Mariette souligne toute la minutie : « Au reste, ces dessins confirment ce qu'ont dit les auteurs, des précautions singulières que prenait le Baroche pour conduire les ouvrages au point de la perfection ; car les études pour un même tableau y sont multipliées de telle sorte, qu'on n'imagine pas qu'un homme ait pû avoir la confiance de pousser aussi loin le travail (*Description des dessins du cabinet de feu M. Crozat*, Paris, 1741).

Les étapes principales du travail de mise en place de la composition nous sont connues grâce aux dessins des Offices, de Rennes et de Stockholm. La première idée apparaît dans un dessin à la plume rehaussé d'aquarelle (n° 5a). La composition est déjà décentrée mais avec une inversion par rapport au tableau (n° 5h), la partie supérieure semble dès le début occupée par un paysage. Il est à noter que pour cette recherche initiale le peintre ait adopté la technique graphique la plus libre qui soit : la plume, et la plus picturale : l'aquarelle ; comme si l'artiste ressentait le besoin de traduire dès le début une sensation plastique, constituée de personnages anonymes mais parfaitement inscrits dans un espace déjà structuré.

L'esquisse suivante (n° 5b) annonce la formule définitive, ce *bozzetto* libre et dessiné se concentre exclusivement sur le centre du tableau. Le berger, à gauche de la partie inférieure sera finalement représenté en pied. Cette feuille vivante et harmonieusement équilibrée montre l'intérêt extraordinaire de Barocci pour les effets lumineux. Vient ensuite le temps des études de détails et d'attitude de chacun des personnages : la Vierge agenouillée (n° 5c), dont une autre étude est conservée au Offices (n° 11295 F), et le personnage central, vu de dos qui s'apprête à essuyer le sang de l'enfant Jésus (autres études à Berlin, kdz 20028, 20020, 20026). Dans deux dessins au pastel (5e et 5f) Barocci sait exploiter avec une simplicité étonnante les qualités expressives de cette technique. Ces deux feuilles ont appartenu à Crozat, lors de la vente de cette prestigieuse collection, la tête du berger fut acquise par un suédois, le comte Tessin, et le buste par le président de Robien.

Plus assuré dans sa démarche grâce aux nombreuses études analytiques, et maître de sa composition, Barocci s'applique alors à la réalisation d'un dessin de plus grandes dimensions au graphisme précis mais plus sec. la mise au carreau montre l'idée d'un report sur la toile finale. Un carton de grandes dimensions pouvait clore cette succession d'études et précéder immédiatement l'exécution peinte comme c'est le cas de la phase préparatoire, abondamment documentée, de la *Visitation*. (1583-86, Rome Chiesa Nuova).

5 a

[*5a*]. *La Circoncision*

Plume et lavis de bistre, aquarelle, rehauts de blanc. H. 0,161 ; L. 0,130.
Inv. : 11551 F
Bibl. : Cat. expo. Florence, 1975, n° 60, repr.

Florence, Galleria degli Uffizi.

5 b

5 c

5 d

[5b]. *La Circoncision*

Pierre noire, plume et encre, lavis de bistre, rehauts de blanc. H. 0,232 ;
L. 0,263.
Inv. : 818 E
Bibl. : Cat. expo. Florence, 1975, n° 63, repr.

Florence, Galleria degli Uffizi.

[5c]. *Femme nue agenouillée*

Pierre noire, pastel, plume. H. 0,299 ; L. 0,184.
Inv. : 11287 F.
Bibl. : Cat. expo. Florence, 1975, n° 61, repr.

Florence, Galleria degli Uffizi.

[5d]. *Homme tourné à gauche*

Pierre noire, pastel blanc. H. O,387 ; L. 0,257.
Inv. : 11412 F.
Bibl. : Cat. expo. Florence, 1975, n° 62, repr.

Florence, Galleria degli Uffizi.

5 e

5 f

5 g

5 h

[5e]. *Étude de tête*

Trois crayons sur papier bleu. H. 0,365 ; L. 0,254.
Inv. : 402/1863.
Bibl. : Cat. expo. Louvre, 1970-71, n° 17.

Stockholm, Nationalmuseum.

5f. *Étude d'épaule et de bras*

Pierre noire et pastel sur papier bleu. H. 0,25 ; L. 0,19. Collé en plein
sur un montage avec filets à la plume et encadrement de papier bleu.
Annoté à l'encre brune en bas, à droite : *f. baroche* et *148.*
Hist. : Collection Crozat (lot 232, 233 ou 234 de la vente, 1741)
Collection du président de Robien, Rennes. Saisi à la Révolu-
tion, entré au Musée en 1794.
Inv. : 794.1.2519.
Bibl. : Cat. 1859 : C. 2, p. 52 (Barocci). - Cat. 1863 : C. 15-1 (Barocci).
-Cat. 1871 id. - Cat. 1876 id. - Cat. 1884 id. - Olsen, 1962, p. 186.
- Ramade, 1978, p. 28.
Exp. : Paris, Rennes, 1972, n° 19, fig. VI.

Rennes, Musée des Beaux-Arts.

[5g]. *La Circoncision*

Pierre noire, mise au carreau. H. 0,434 ; L. 0,586.
Inv. : 91459.
Bibl. : Cat. expo. Florence, 1975, n° 64, repr.

Florence, Galleria degli Uffizi.

[5h]. *La Circoncision*

Huile sur bois. H. 3,56 ; L. 2,51.
Inv. : M.I. 315.

Paris, Musée du Louvre.

Raffaellino MOTTA da REGGIO
(Codemondo, près de Reggio, 1550 - Rome, 1578).

6
Tobie et l'Ange

Publié par J. Gere en 1971 comme une étude de Raffaelino da Reggio pour une figure de Tobie et rapproché du *Tobie et l'Ange* de la Galerie Borghèse, tout en notant les différences évidentes entre les deux œuvres, ce dessin demeure un témoignage rare de cet artiste mort à vingt huit ans. L'attitude du *Tobie* de la feuille de Rennes, avec ce geste caractéristique de la main qui tient le poisson (attribut du personnage) n'est pas incompatible avec la composition retenue pour le tableau de la Galerie Borghèse, daté par Collobi comme une des dernières œuvres de l'artiste et dont les Offices conservent un dessin très proche (n° 6c), exécuté au lavis, présentant ces fortes oppositions d'ombres et de lumière, caractéristiques de certains dessins de Raffaelino. D'une technique différente, le dessin de Rennes montre une grande préoccupation pour le drapé au relief imposant et sculptural.

On sait que Raffaelino étudie très soigneusement l'attitude et le rôle de chacun des personnages dans ses compositions. Si l'on compare sa fresque de l'Oratorio del Gonfalone, à Rome, *Le Christ devant Pilate* et le dessin préparatoire, on remarque de notables variantes dans les poses des personnages, dont certaines se trouvent inversées comme dans ce *page* du dessin qui devient un *licteur,* à droite dans la fresque. Ces recherches nombreuses faites d'expériences et d'abandons nous incitent à voir dans notre dessin une des pensées pour le *Tobie* du *Tobie et l'Ange* de la Galerie Borghèse. Notons que Raffaelino a traité le même sujet au Palais Farnèse de Caprarola, Salle des anges (Faldi, op. cit. fig. 3), mais avec des figures très différentes. Les incertitudes et les reprises de notre étude, notamment dans la position des jambes, montrent bien qu'il s'agit d'un dessin de recherche dont la forme définitive sera mise au point plus tard et ailleurs.

6a. *Étude pour Tobie*

Pierre noire et sanguine. H. 0,38 ; L. 0,21.
Hist. : Collection du président de Robien. Saisi à la Révolution, entré au Musée en 1794.
Inv. : 794.1.2523.
Bibl. : Cat. 1859 : C. 44, p. 68 (Motta, dit Rafaello da Reggio). - Cat. 1863 : C. 46-4 (École Italienne, déb. XVIIe). - Cat. 1871 : id. - Cat. 1876 : id. - Cat. 1884 : id. - Gere, 1971, repr. pl. XXII.
Exp. : Paris, Rennes, 1972, n° 23. - Rennes, 1983, n° 23. - Pau. 1985, non paginé, repr.
Rennes, Musée des Beaux-Arts.

[6b]. *Tobie et l'Ange*

Huile sur bois. H. 1,07 : L. 0,69.
Inv. : 298.

Rome, Galleri Borghese.

[6c]. *Tobie et l'Ange*

Lavis brun.
Bibl. : Faldi, 1951, p. 330, repr. fig. 15.

Florence, Galleria degli Uffizi.

6 b

6 c

Raphael da Reggio

6 a

Domenico FETTI
Rome, v. 1589 - Venise, 1623.

7
La Parabole du fils prodigue

Fetti est le premier des peintres italiens à traiter ce thème des paraboles bibliques, plus fréquemment représenté par les artistes du nord de l'Europe. La série de quatorze tableaux, dont dix nous sont parvenus, est bien connue depuis l'étude très complète de Pamela Askew (« The parable paintings of Domenico Fetti », *The Art Bulletin,* mars 1961, pp. 21-45) qui précise que la série fut peinte en deux temps : avant le premier voyage à Venise en 1621 (soit vers 1618-21) et après le retour à Mantoue (vers 1621-22). *La Parabole du fils prodigue* aurait été peinte avant le séjour vénitien, du moins la plus ancienne version connue (coll. Count Seilern, Londres) car deux autres demeurent : celle de Dresde et celle de Caen présentée ici. Ces trois versions sont très proches les unes des autres et présentent plutôt des variations dans la rapidité plus ou moins grande d'exécution. P. Rosenberg note dans le tableau de Caen « Un faire plus rapide particulièrement dans l'arrière-plan architectural » (op. cit. p. 206). Le dessin de Rennes publié par P. Rosenberg comme un rare témoignage de l'œuvre dessinée de Fetti, correspond à une étude définitive du groupe de personnages disposés en une frise qui occupe toute la largeur du tableau. Cet ensemble est disposé en deux groupes : acteurs et spectateurs de la réconciliation entre le père et le fils, dont le cadre architectural en forme d'arche souligne bien le caractère symbolique.

7a. La Parabole du fils prodigue

Pierre noire et sanguine. H. 0,26 ; L. 0,43. En haut, à gauche, *I,* à droite à la plume *Le Cassanioli.*

Hist. : Ancienne collection du Président de Robien. Saisie à la Révolution, entrée au Musée en 1794.

Inv. : 794.1.3128.

Bibl. : Cat. 1884 : p. 184, c. 72-1 (École Vénitienne, XVIe siècle). - Rosenberg, 1968, p. 206, repr. no 2.

Rennes, Musée des Beaux-Arts.

7b. La Parabole du fils prodigue

Huile sur bois. H.0,61 ; L. 0,44.

Hist. : Collection de M. Victor Guibert au château de Cabrières (Aveyron). Acquis en 1964 pour la collection Mancel.

Inv. : M. 64.2.1.

Bibl. : Rosenberg, 1968, p. 205-207. - Lacambre, 1968, p. 175. - Blunt, 1972, p. 88.

Exp. : Caen, Hôtel d'Escoville, 1969, no 35.

Caen, Musée des Beaux-Arts.

7 a

7 b

Salvator ROSA
Naples, 1615 - Rome, 1673.

8
Job insulté

La contribution de Salvator Rosa à l'originalité du dessin baroque napolitain trouve ici une éclatante démonstration. Théâtraux et expressifs jusqu'à la véhémence, les peintres napolitains ont utilisé l'art graphique comme expression favorite de leur première idée avec une telle force que l'absence de couleurs, si chères à cette école, semble les avoir contraints à trouver dans le trait une concision et une puissance nouvelle. Ribera est sans doute le premier à avoir trouvé dans le dessin à la plume une variété d'expression jusqu'alors insoupçonnée. C'est néanmoins Salvator Rosa qui atteindra la plus grande liberté. Avec cette esquisse à la plume, tellement plus suggestive que descriptive, Rosa conservera l'idée d'un groupe de personnages à mi-corps gesticulant en levant les bras (le tableau, conservé aux Offices, date des dernières années de l'artiste). Dans le dessin, c'est un groupe informe qui s'oppose à la figure massive et tendue de Job sur son fumier. L'accord entre la violence de la scène et l'écriture nerveuse de l'artiste, à la limite du figuratif, trouve dans cette feuille un équilibre rare.

8a. Job insulté

Plume, rehauts de blanc. H. 0,11 : L. 0,20. Collé en plein sur un montage avec filets à la plume, bordure de papier au lavis jaune et encadrement de papier bleu ; annoté à la plume, en bas, à droite : *29*, à gauche sur le montage : *Salvator Rose* : à droite sur la bordure : *156.*
Hist. : Ancienne collection du président de Robien. Saisi à la Révolution. Entré au Musée en 1794.
Inv. : 794.1.2530.
Bibl. : Cat. 1859 : C. 40, p. 77 (Rosa). - Cat. 1863 : C. 42-6 (Attribué à S. Rosa). - Cat. 1871 : id. - Cat. 1876 : id. - Cat. 1884 : id. - Vitzthum, 1963, p. 41-52, repr. p. 50. - Vitzthùm, 1970, p. 83, repr., pl. XVIII.
Exp. : Rochester, New York, U.S.A., 1968, sans cat.-Paris, Rennes, 1972, n° 30, repr. XV.
Rennes, Musée des Beaux-Arts.

[*8b*]. *Job insulté*

Huile sur bois. H. 1,25 ; L. 2,00.
Bibl. : Salerno, 1975, n° 222, repr.

Florence, Galleria degli Uffizi.

8 b

8 a

Adriaen Van OSTADE
Haarlem, 1610 - Haarlem, 1684.

9
La Cuisine en sous-sol

L'œuvre d'Adriaen Van Ostade (auquel il convient d'adjoindre celle de son frère Isack) est tout entier tourné vers le monde paysan. Artiste complet - peintre, dessinateur et graveur - Adriaen connut un vif succès et ses œuvres furent tôt recherchées par les amateurs qui appréciaient également ce type de dessins achevés et riches en détails (n° 9b). Dans cette étude de Rennes, exécutée vraisemblablement d'après nature, le dessinateur met en place les personnages, simplement esquissés à la plume, autour de cette vieille femme tout occupée à cuire quelques galettes (« koukes »), tandis qu'au crayon, et plus sommairement, demeure évoqué le cadre de la cuisine. On peut penser que la première idée s'est trouvée transcrite au crayon, précisée ensuite à la plume, en superposition, et enfin reprise dans le beau dessin de l'Institut néerlandais où le décor a gagné en importance et en précision.

9a. La faiseuse de koukes

Plume sur traits au crayon. H. 0,18 ; L. 0,17. Collé en plein sur un montage avec filets à la plume et encadrements de papier teinté ; annoté à l'encre brune en bas, à droite : *Ostade* et au-dessous sur l'encadrement : *199*.

Hist. : Ancienne collection du président de Robien. Saisi à la Révolution, entré au Musée en 1794.

Inv. : 794.1.2562.

Bibl. : Cat 1859 : C. 70, p. 100 (A Van Ostade). - Cat. 1863 : C. 97-3 (attribué à A. Van Ostade). - Cat. 1871 : id. - Cat 1876 : id. - Cat. 1884 : id. - Gonse, 1904, repr. - Saunier, 1922, n° 2, pp. 76-83.

Exp. : Paris, Rennes, 1972, n° 62, pl XXXI.

Rennes, Musée des Beaux-Arts.

[9b]. La Cuisine en sous-sol

Plume et encre brune, aquarelle et quelques touches de gouache. Signé et daté à la plume et encre brune, en bas à droite : *A.V. Ostade 1673* (les deux premières lettres enlacées).

Inv. : 5752.

Bibl. : Schnackenburg, 1981, n° 232.

Paris, Institut néerlandais.

9 b

9 a

Charles-Joseph NATOIRE
Nîmes, 1700 - Castel Gandolfo, 1777.

10
La prédication de saint Étienne

Peint en 1745, le tableau fut exposé au Salon de la même année (avec sept autres tableaux) sous le titre suivant : *saint Étienne entraîné au Conseil devant les Docteurs qui produisent de faux témoins contre lui et excitent l'émotion des Sénateurs, des Scribes et du peuple.* L'œuvre fut ensuite placée dans l'endroit pour lequel elle a été exécutée : la chapelle Saint-Symphorien de l'église Saint-Germain-des-Prés. L'étude dessinée du principal personnage de la composition est apparue lors de la donation Marcou-Trouvelot au Louvre, en 1981. La pose générale du personnage sera respectée mais traitée avec plus de souplesse dans le tableau. On note également quelques modifications dans le vêtement sacerdotal. Le sourire discret de saint Étienne qui confère tant de douceur au personnage n'apparaît pas encore dans ce dessin préparatoire. Jacques Vilain signale dans le catalogue *Natoire,* 1977, (p. 78) un dessin de Natoire représentant *La prédication de saint Étienne,* conservé au Musée des Beaux-Arts de Budapest (Inv. 2975) mais de composition très différente.

10a. *Étude pour saint Étienne*

Pierre noire et rehauts de craie blanche sur papier beige. H. 0,457 ; L. 0,270. En bas à gauche, à la plume : *Natoire fecit.*
Hist. : Donation Marcou-Trouvelot.
Inv. : R.F. 38 518.
Bibl. : Méjanès, 1981, p. 190.
Exp. : Paris, 1981, n° 77, sans cat.

Paris, Musée du Louvre.

10b. *La prédication de saint Étienne*

Huile sur toile. H. 2,44 ; L. 1,75. S.D. *1745.*
Hist. : Peint pour l'église Saint-Germain-des-Prés (Paris). - Saisie à la Révolution 1794. - Dépôt Petits Augustins. - 2e envoi de l'État, le 18 mai 1811, n° 14.
Inv. : 811.1.14
Bibl. : Dézallier d'Argenville, 1770, p. 381. - Thiéry, 1787, t. 2, p. 512. - Cat. 1811 : n° 278. - Cat. 1820 : n° 73. - Cat. 1860 : 214. - Cat. 1863 : 222. - Cat. 1871 : 259. - Clément de Ris, 1872, pp. 369, 498. - Cat. 1884 : 298. - Bellier, Auvray, 1885, t. 2, p. 150. - Lenoir, 1886, t. 2, pp. 125, 283, n° 1039. - Anon., 1902, p. 226. - Saunier, 1922, p. 80. - Boyer, 1945, p. 179. - Boyer, 1949, n° 7. - Vergnet-Ruiz, Laclotte, 1962, p. 246.
Exp. : Paris, 1745, Salon n° 18. - Bruxelles, 1975, n° 61. repr. p. 106. - Troyes, Nîmes, Rome, 1977, p. 78, repr. n° 39.

Rennes, Musée des Beaux-Arts.

10 b

10 a

Joseph-Marie VIEN
Montpellier, 1716 - Paris, 1809.

11
Hector détermine Pâris, son frère, à prendre les armes pour la défense de la Patrie

Le dessin acheté par le Musée des Beaux-Arts de Rennes en 1974 est une étude poussée pour le tableau du château de Fontainebleau, brillante commande du comte d'Orsay au directeur de l'Académie de France à Rome, Joseph-Marie Vien. Longtemps identifié comme une *Continence de Scipion*, Thomas W. Gaehtgens devait restituer à l'œuvre son véritable titre (la vraie *Continence de Scipion* étant conservée au Musée d'Aix). Cette étude globale, au style linéaire, sans modelé, qui individualise chaque personnage d'un trait tremblé mais presque continu, est caractéristique des dessins de la dernière partie de la vie de Vien.

11a. Hector et Pâris

Plume et encore brune, quelque rehauts de gouache blanche. H. 0,31 ; L. 0,25.

Hist. : Collection Ch. Gasc, marque en bas à gauche (Lugt 543). Collection A.P.F. Robert Dumesnil, marque en bas à droite (Lugt 2200). Achat en 1974 chez M. Prouté (Cat. *Fontebasso*, n° 25, repr.).

Inv. : 74.14.1.

Bibl. : « Chronique des Arts » dans Gazette des Beaux-Arts, 1975, n° 35, p. 10.

Exp. : Paris, Copenhague, 1974-75, n° 127, p. 123.

Rennes, Musée des Beaux-Arts.

[11b]. Hector détermine Pâris, son frère, à prendre les armes pour la défense de la Patrie

Huile sur toile. H. 3,33 ; L. 2,66. Collection du comte d'Orsay, saisie à la Révolution. Envoyé au château de Fontainebleau vers 1858-60.

Inv. : MR 2672.

Fontainebleau, Musée National du Château.

11 b

11 a

Jean-François-Pierre PEYRON
Aix-en-Provence, 1744 - Paris, 1814.

12
La mort d'Alceste ou l'héroïsme de l'amour conjugal

Commandée à Peyron par le roi pour être exposée au Salon de 1785, *la mort d'Alceste* s'inscrit dans cette politique de commandes aux artistes destinées à encourager et soutenir la peinture d'histoire, considérée alors comme le fer de lance de la création artistique. La genèse du tableau a été étudiée de façon complète dans la monographie récente de P. Rosenberg et U. Van de Sandt à laquelle nous empruntons les éléments de notre analyse.

Il semble que Peyron ait hésité quant au choix définitif du sujet, il prévoit dans un premier temps un *Marc-Antoine expose le corps de Jules César* puis hésite entre deux sujets tirés d'Euripide : *le désespoir d'Hécube* (n° 12a) et *la mort d'Alceste*, qui fut retenue ; l'idée d'une composition regroupant des figures dolentes autour d'une femme allongée et alanguie apparaît déjà dans cette première pensée pour *Hécube* (n° 12a). Le travail que va mener Peyron (qui se souvient de la *Mort de Germanicus* et du *Testament d'Eudamidas* de Poussin) dans les études successives pour *Alceste* va dans le sens d'une concentration dramatique de l'effet, qui repose sur ces quelques personnages dans la pénombre, groupés autour du corps d'Alceste, et dont la juste répartition semble avoir été la préoccupation majeure du peintre. Alceste demeure seule à recevoir pleinement la lumière et semble surgir de l'ombre. Cette figure apparaît dès le début et sera maintenue telle dans l'exécution peinte. La gamme colorée retenue, et la palette sombre, accentuant et développant notablement ce parti théâtral, mais plein d'une calme et noble gravité. Le format carré de l'œuvre, inhabituel pour un grand tableau d'histoire, a dû gêner Peyron, il n'apparaît que dans la phase finale de la recherche : une esquisse de grand format non retrouvée (Rosenberg, Van de Sandt, op. cit. n° 104) et le dessin achevé que nous exposons. Conforme aux lignes générales de l'œuvre finale, nous découvrons ce cadre architectural complexe, mais parfaitement cohérent, qui valorise la disposition et les mouvements des personnages.

12 a

Nous sommes en présence d'une des grandes réussites de ce néo-classisme de la première génération qui est aussi celle de David, grand rival de Peyron, qui expose lors de ce même Salon de 1785 son fameux *Serment des Horaces* qui éclipsera quelque peu l'œuvre ici étudiée.

[*12a*]. *Le désespoir d'Hécube*

Plume, encre noire et lavis gris. H. 0,165 ; L. 0,227. S.D.b. *P. Peyron f.* et indication autographe, en bas au centre : *hecube.*
Hist. : Coll. H. Baderou, Paris. Acquis par le Musée en 1975, Rogers Fund.
Inv. : 65.125.2.
Bibl. : Rosenberg et Van de Sandt, 1983, n° 109, fig. 92.

New York, The Metropolitan Museum of Art.

12b. La mort d'Alceste

Plume et encre noire, lavis gris. H. 0,169 : L. 0,220. S.b.g. *P. Peyron f.* et inscription autographe, en bas au centre : *La mort d'Alceste.*
Hist. : Acquis par l'actuel propriétaire dans le commerce de l'art, à Paris en 1972.
Bibl. : Rosenberg et Van de Sandt, 1983, n° 105, fig. 93.

Paris, collection particulière.

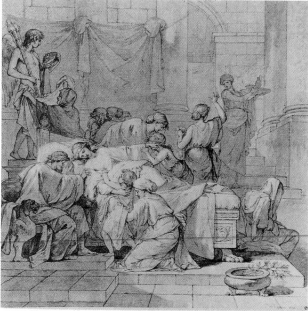

12 b

12 c

12 d

12 e

12 f

12c. La mort d'Alceste (étude)

Plume, encre noire, lavis gris et rehauts de gouache blanche sur papier beige. H. 0,356 ; L. 0,496. Inscription b.g. *Girodet à Rome, 1789,* marque A et B, majuscules entrelacées b.d. (non répertoriée par Lugt).
Hist. : Acquis à l'Hôtel Drouot à Paris, le 6 juin 1975, salle 6, n° 52 (sans cat.).
Inv. : 75.6.1.
Bibl. : Lacambre, 1976, p. 69 et note 2, repr. 1. - Rosenberg et Van de Sandt, 1983, n° 106, fig. 94.
Rennes, Musée des Beaux-Arts.

[12d]. La mort d'Alceste (étude)

Plume, encre noire et lavis gris, rehauts de blanc. H. 0,207 ; L. 0,310. Inscription autographe b.d. : *un groupe de la mort d'Alceste par P. Peyron.*
Hist. : Don W. F. Watson, 1881.
Inv. : D 3241.
Bibl. : Rosenberg et Van de Sandt, 1983, n° 107, fig. 95.

Edimbourg, National Gallery of Scotland.

12e. La mort d'Alceste

Plume, encre noire, lavis brun et rehauts de gouache blanche sur papier beige. H. 0,33 ; L. 0,33. Inscription non autographe b.d. *P. Peyron inv.*
Hist. : H. Shickman Gallery, New York. Collection Christian Human à partir de 1974. Vente Sotheby's New York, 12 juin 1982, n° 82 (repr.). Acquis à cette vente par l'actuel propriétaire (sa marque b.d., non répértoriée par Lugt.)
Bibl. : Rosenberg et Sandt, 1983, n° 108, fig. 96.

Paris, collection particulière.

[12f]. La mort d'Alceste ou l'héroïsme conjugal

Huile sur toile. H. 3,27 ; L. 3,27. S.D.b.g. *P. Peyron f. 1785.*
Hist. : Commandé pour le roi en 1784 pour le Salon de 1785 ; Envoyé à Versailles en 1798. Rentré au Louvre au XIXᵉ siècle.
Inv. : 7175.
Bibl. : Rosenberg et Van de Sandt, 1983, n° 103, fig. 97 et pl. VI (bibl. compl.)
Paris, Musée du Louvre.

Henri LEHMANN
Kiel, Holstein, 1814 - Paris, 1882.

13
La Vierge au pied de la croix

La genèse de cet important tableau, dont le Musée des Beaux-Arts de Rennes conserve une réplique avec variantes de dimensions (n° 13n), est connue depuis la monographie récente de M.M. Aubrun. Tenant de la tradition académique, Henri Lehmann se montre un créateur méthodique qui sait où il va lorsqu'il engage l'exécution peinte. Grâce aux nombreuses œuvres ici regroupées nous revivons les multiples étapes de cette création faite d'études d'ensemble et de détails, de reprises sur calque, de modificationss, d'abandons, etc. Patiente recherche qui aboutit à cette œuvre dramatique dont le sujet, mais surtout la puissance expressive, la place d'emblée dans la grande tradition pluriséculaire des *Mater dolorosa* ou des *Pieta*.

A cette époque, Lehmann, qui est l'ami et le confident de Marie d'Agoult, est témoin de sa séparation d'avec Liszt. Il écrit à son amie le 19 mai 1844 : « j'ai eu le cœur serré en vous quittant et, au lieu de se desserrer, toutes les tristesses que vous avez accumulées en moi depuis un mois, se sont posées sur lui. J'en ai fait une scène au pied de la croix qui sera un beau tableau quelque jour et une belle esquisse quand vous reviendrez » (cité par M.M. Aubrun, op. cit. 1984, p. 113).

Pour ce faire, toutes les techniques sont utilisées par Lehmann, y compris l'esquisse peinte dont malheureusement aucune des cinq qui figuraient à la vente Lehmann de 1883 n'a pu être localisée (Aubrun, n° 282 à 286). Cette lacune rend d'autant plus difficile la chronologie des œuvres et une parfaite compréhension de l'évolution du peintre. D'après les œuvres retrouvées, il semble que le travail de l'artiste ait plus porté sur le détail de chacun des personnages que sur la composition générale assez vite établie, et somme toute classique.

Les études préparatoires d'ensemble (n° 13i et 13k) exécutées largement à l'aide de gouache ou d'aquarelle, montrent une composition déjà trouvée et équilibrée où chacun des personnages exprime sa réaction face au drame qu'il vient de vivre. Dans la partie inférieure, un groupe entoure la Vierge qui défaille, les bras ouverts exprimant d'une façon poignante cette absence du fils chéri. Les personnages debouts au pied de la croix et transfigurés par la douleur (saint Jean et Marie-Madeleine) semblent plongés dans une méditation toute intérieure. La draperie qui s'envole vers le ciel souligne, en l'évoquant indirectement mais d'une façon très poétique, le drame qui vient de s'achever.

Chaque personnage, lui-même élément de cette pyramide statique et solide, est repris individuellement dans des poses qui peuvent varier (saint Jean, n° 13d, 13e) et généralement avec une étude du corps nu (n° 13a, 13e, 13f). La plus surprenante étant cette sainte femme agenouillée (n° 13f). On se souvient à ce propos de la pratique courante, depuis la Renaissance, de l'étude d'après le nu, précédant l'étude drapée du personnage (Raphaël, David, Ingres...).

Pour l'exécution peinte, Lehmann choisit un format rectangulaire après avoir prévu, un moment, une partie supérieure cintrée (n° 13j). La palette raffinée, faite de demi-teintes délicatement ombrées, est à la mesure de la savante et précise recherche de formes. Elle contribue largement à conférer à la scène cet aspect visionnaire et irréel qui séduit tant.

Malgré la précision des recherches et une exécution très fine, Lehmann est capable de se renouveler en exécutant une réplique ; ce n'est pas là la moindre des surprises que réserve cette suite exemplaire. Comme s'il n'avait pas épuisé toutes les possibilités de son travail, on est tenté de dire de sa documentation rassemblée, Lehmann exécute une répétition du groupe principal. Si le dessin et la composition sont identiques, la gamme des couleurs a changé, sombres et tout aussi subtiles, elles accentuent le caractère dramatique et passionné de la scène. Les chairs présentent cet aspect parcheminé qui se rapproche de ces teintes de cire que l'on rencontre parfois dans les peintures à fresques anciennes, dans les églises. Il est heureux que les tableaux de Saint-Louis-en-l'Ile et de Rennes bénéficient tous deux d'une restauration récente. Proche de leur vérité première, ils apparaîtront d'autant plus exemplaires d'un style et d'une méthode.

13a. Six études *(montage factice)*

Académie de femme nue
Mine de plomb et rehauts de craie blanche sur papier bleu. H. 0,280 ; L. 0,083.
Inv. : RF 38914 A.

Étude de bras pour la même femme
Crayon noir sur papier irrégulièrement découpé. H. 0,135 ; L. 0,052.
Inv. : RF 38914 B.

Académie de femme drapée
Crayon noir et sanguine sur papier irrégulièrement découpé. H. 0,288 ; L. 0,101.
Inv. : RF 38914 C.

Étude de draperie sur la même silhouette
Mine de plomb, estampe sur papier irrégulièrement découpé. H. 0,202 ; L. 0,114.
Inv. : RF 38914 D.

Étude de draperie sur la partie inférieure du corps
Sanguine et crayon noir sur papier irrégulièrement découpé. H. 0,197 ; L. 0,127.
Inv. : RF 38914 E.

Étude de draperie
Mine de plomb avec rehauts de craie blanche sur papier bleu. H. 0,270 ; L. 0,115.
Inv. : RF 38914 F.
Hist. : Don des amis du Louvre.
Bibl. : Foucart, Prat, 1983, n° 1, p. 17, fig. 3, note 11. - Aubrun, 1984, n° D 291, repr.
Exp. : Paris, Musée Carnavalet, 1983, n° 5-10.

Paris, Musée du Louvre.

13b. *Étude de tête féminine*

Crayon sur calque (2 calques montés sur le même support). H. 0,52 ; L. 0,30.
Bibl. : Aubrun, 1984, n° F. 289, repr.

Collection particulière.

13c. *Étude de personnage nu, de trois-quart, dos*

Crayon noir, rehauts de blanc sur papier bleu. H. 0,226 ; L. 0,159.
Hist. : Donation H. et S. Baderou, 1975.
Inv. : 975.4.2640.A.
Bibl. : Foucart, 1980, p. 174, n° 4. - Aubrun, 1984, n° D.292, repr.

Rouen, Musée des Beaux-Arts.

13 a

13 b　　　　　13 c　　　　　13 d

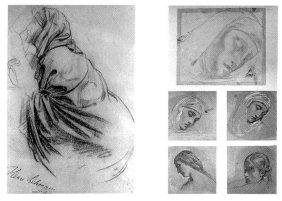

13 e　　　13 f　　　　　　　　13 g　　　　　　13 h

13d. Étude de saint Jean

Crayon noir et sanguine. H. 0,30 ; L. 0,14.
Hist. : Donation H. et S. Baderou, 1975.
Inv. : 975.4.2638.
Bibl. : Aubrun, 1984, n° D.293, repr.

Rouen, Musée des Beaux-Arts.

13e. Étude de saint Jean

Crayon noir et sanguine. H. 0,288 ; L. 0,136.
Hist. : Donation H. et S. Baderou.
Inv. : 975.4.2637.
Bibl. : Aubrun, 1984, n° D.294, repr.

Rouen, Musée des Beaux-Arts.

13f. Étude de femme nue agenouillée

Crayon noir, cachet d'atelier b.g. H. 0,155 ; L. 0,170.
Bibl. : Inédit.

Paris, collection particulière.

13g. Étude de femme agenouillée

Crayon noir et sanguine. H. 0,222 ; L. 0,153. Cachet d'atelier b.g. Au verso, études de têtes.

Hist. : Anc. coll. Delacre. Acquis par l'actuel propriétaire, 1974.
Bibl. : Aubrun, 1984, n° D. 295, repr.

Paris, collection particulière.

[13h]. Cinq études de tête pour la Vierge (montage factice)

A.　En haut, *Étude pour la tête de la Vierge*
　　Crayon sur calque : H. 0,171 : L. 0,196.
B.　Registre central, à gauche, *Étude pour la tête de la Vierge*
　　Crayon avec rehauts de sanguine et de craie sur papier bleu :
　　H. 0,108 ; L. 0,108.
C.　Registre central, à droite, autre *Étude de la tête de la Vierge.*
　　Crayon avec rehauts de sanguine et de craie sur papier bleu :
　　H. 0,108 ; L. 0,110.
D.　Registre inférieur, à gauche, *Étude pour la tête de Marie-Madeleine.*
　　Crayon avec rehauts de sanguine et de craie sur papier bleu :
　　H. 0,106 ; L. 0,108.
E.　Registre inférieur, à Droite, *Étude pour la tête de Saint Jean.*
　　Crayon avec rehauts de sanguine et de craie sur papier bleu :
　　H. 0,107 ; L. 0,109.
Hist. : Fonds de la famille de l'artiste
Bibl. : Aubrun, 1984, n° D. 296, repr.

Paris, collection particulière.

13 i

13 j

13 k

13 l

13 m

[13i]. *La Vierge au pied de la croix*

Aquarelle et sanguine sur papier beige cintré dans le haut. H. 0,306 ;
L. 0,228. Monogramme et date à la sanguine, b.g. : *1844*
Exp. : Shepherd Gallery, New York, 1981, n° 133 (Cat.) repr.

New York, Shepherd Gallery.

[13j]. *La Vierge au pied de la croix*

Crayon Conté, sanguine, gouache, lavis. H. 0,383 ; L. 0,268. Cintré
dans le haut. S.D.b.g. *H.L. 1847.*
Hist. : Fonds de la famille de l'artiste.
Bibl. : Aubrun, 1984, n° D. 287, repr.
Exp. : Paris, Musée Carnavalet, 1983, n° 82.

Paris, collection particulière.

[13k]. *La Vierge au pied de la croix*

Pierre noire et rehauts de blanc. H. 0,425 ; L. 0,289. s.d.b.g. *Henri
Lehmann. 1847.*
Hist. : Anc. coll. Mario Amaya, New York - Acquis par l'actuel
propriétaire à la Shepherd Gallery.
Bibl. : Aubrun, 1984, n° D. 288, repr.

Detroit, collection Fr. J. Cummings.

[13l]. *La Vierge au pied de la croix*

Crayon sur calque (reprise de la partie inférieure sur un autre calque).
H. 0,520 ; L. 0,300.

Hist. : Ancienne collection Pantchenko.
Bibl. : Aubrun, 1984, n° D. 289, repr.

Collection particulière.

13m. *La Vierge au pied de la croix*

Huile sur toile. H. 2,00 ; L. 1,60. S.D.b.g. *Henri Lehmann 1847.*
Exp. : 1848, Salon, n° 2843 - 1883, Paris, École des Beaux-Arts, n° 11
- 1983, Paris, Musée Carnavalet, n° 81.
Bibl. : Aubrun, 1984, n° 281 (bibl. compl.), repr. - Foucart, 1987,
p. 220, repr. pl. 12.

Paris, Église Saint Louis-en-l'Ile.

13n. *Consolatrice des Affligés*

Huile sur toile. H. 1,19 ; L. 1,50. S.D.b.g., 1850.
Hist. : 1850, enregistré sous le n° P. 5508 (Archives du Louvre : KK21,
KK44). 1850-51, Salon, n° 1934. Acquis par l'État (Archives de
l'Institut). Envoyé au Musée de Rennes (10 janvier 1879).
Inv. : D-879.1.2.
Bibl. : Delécluze, 1851, p. 66. - Thierry, 1851, n° 31.1855. - Vignon,
1851, p. 107. - Gautier, 1856, pp. 337-340. - Lanzac, 1859-61,
pp. 263-268. - Tisseron et Laurent, 1864. - Meyer, 1867, p. 375.
- Baluffe, 1882, pp. 566-580. - Bellier, 1882, p. 982. - Boscher,
1974, n° 168. - Aubrun, 1984, n° 343 repr. - Foucart, 1987,
p. 220.
Exp. : Paris, Salon, 1850-51, n° 1934. - Paris, Salon, 1855, n° 3544.

Rennes, Musée des Beaux-Arts.

13 n

Maurice DENIS
Granville, 1870 - Saint-Germain-en-Laye, 1943.

14
La mère au corsage noir

La vie de famille, avec ses événements heureux et mal-heureux, fut pour Maurice Denis, une source constante d'inspiration. Dans cette scène d'intimité maternelle, c'est Marthe, l'épouse de l'artiste et l'un de ses fils, Jean-Paul, qui se trouvent représentés. Le raffinement de la composition repose sur l'harmonie et la distribution des zones colorées qui font irrésistiblement penser à la fameuse définition du tableau donnée par Maurice Denis : « une surface plane recouverte de couleurs en un certain ordre assemblées ». (« Arts et Critique », août 1890).

Le dessin préparatoire du Musée de Rennes, (n° 14b) contient déjà toute l'élégance de cette silhouette atta-chante. Son degré de stylisation indique qu'il ne s'agit pas d'un croquis d'après nature mais d'une véritable étude pour le tableau dont les indications de couleurs se trouvent notées dans la marge. Document de travail authentique, ce dessin se trouve réalisé au dos d'un faire-part de mariage (lundi 26 novembre 1894). Made-moiselle Barruel qui collabore au catalogue de Maurice Denis nous signale une autre étude pour ce tableau, sans doute antérieure à celle de Rennes (n° 14a). Une seconde version du tableau est connue (Paris, coll. part.), elle appartint à Gertrude Stein, et est très proche de la peinture ici exposée.

14 a

[*14a*]. *Étude pour la mère au corsage noir*
Crayon sur papier beige clair. H. 0,282 ; L. 0,222. Cachet de l'atelier, vertical, b.d.
Exp. : Londres, 1985, n° 18, repr.

Londres, collection particulière.

14b. *Étude pour la mère au corsage noir*
Mine de plomb et aquarelle sur papier. H. 0,22 ; L. 0,18. Annotations au crayon de la main de l'artiste, h.g. : *faire les ors avec 2, 3 couleurs / 1 blanc rosé, 1 chair dégradé / 1 noir mat / gris (vert) jaune / gris vert.* b.d. : *Jean-Paul.*
Hist. : Don M. et Mme Charles-Guy Le Paul, 1978.
Inv. : 78.13.1.
Exp.. : Quimper, Rennes, Nantes, 1978,79, n° 104.

Rennes, Musée des Beaux-Arts.

14c. *La mère au corsage noir*
Huile sur toile. H. 0,47 ; L. 0,38. s.d.h.d. *MAVD 95.*
Hist : Coll. Maurice Denis
Exp. : Paris, 1895, n° 34 (cette version ou celle de l'ancienne collection de Gertrude Stein). - Bruxelles, 1896, n° 146 (id.). - Copenha-gue, 1956. - Paris, 1963, Galerie Beaux-Arts, n° 43. - Mann-heim, 1963, n° 85. - Londres, 1964, n° 17. - Paris, 1965. - Saint-Germain-en-Laye, 1967, n° 200. - Angers, 1967, n° 101. - Paris, 1970, n° 85, repr. - New York, 1970-71, p. 157. - Brême, Zurich, Copenhague, 1971-72, n° 53. Marcq-en-Baroeul, 1985, n° 25, repr.

Saint-Germain-en-Laye, collection particulière.

14 c

14 b

Chapitre 2   Triomphe de l'esquisse

La découverte de la peinture à l'huile et sa diffusion devait avoir une importance capitale dans le développement de la peinture occidentale. La réalisation de la première idée au moyen de cette technique, que l'on peut qualifier du terme général d'esquisse (voir notre glossaire pour les différentes nuances), constitue certainement l'une des formes les plus séduisantes du processus créatif. Sa capacité à sécher plus ou moins lentement, rendant possible toute reprise, sa matière même fixant *l'écriture* de l'artiste en figeant la moindre inflexion de la main, sont autant de qualités qui assurèrent le triomphe de ce mode d'expression.

On sait le rôle des Flandres dans la mise au point de la peinture à l'huile, pratique transmise à l'Italie par l'intermédiaire de Venise. Venise dont l'un de ses peintres, Titien, fut le premier à intégrer la technique de l'esquisse comme élément constitutif de son style. Son exemple fut suivi par la génération suivante à laquelle appartient Schiavone (n° 15). A la fin du XVI° siècle, l'action des Carrache à Bologne devait montrer à l'Italie du Nord, puis l'Italie toute entière, le parti nouveau, et rigoureux, que l'on pouvait tirer de cette technique. Comme l'a défini Wittkower (1) ce sont les peintres d'Italie centrale et méridionale qui avaient des contacts avec Venise, qui pratiquèrent l'esquisse avec le plus d'assiduité. Au XVII° siècle, le développement des académies va promouvoir l'esquisse comme élément primordial de la genèse d'une œuvre. Rubens devait ramener de son séjour italien cette habitude de noter une première idée directement au moyen de l'huile. Quoique un artiste nordique du siècle précédent, Dirk Barendsz, ait déjà démontré la richesse expressive de l'esquisse, c'est le maître d'Anvers qui fournit les exemples les plus nombreux et les plus variés. A sa suite Van Dyck, Jordaens, mais aussi les générations suivantes, conservèrent ce goût ; l'exemple de Sallaert (n° 17), dont l'œuvre est en partie connue par ses esquisses, est à ce titre révélateur.

Les principaux centres picturaux italiens apportèrent des témoignages éclatants au développement du genre ; Naples représenté ici par Giaquinto (n° 18) fournit les exemples les plus brillants et les plus virtuoses, à la fois dans les grands tableaux indépendants et dans les décors (Del Po, n° 38). Le XVIII° siècle est dominé par la personnalité de Tiepolo qui exécuta des esquisses pour la plupart de ses fresques et de ses tableaux. C'est aussi l'époque où l'esquisse apparaît volontiers comme une œuvre autonome, considérée et admirée comme telle (Diderot lui-même est séduit par ce genre). Des peintres comme Doyen, Deshays s'inspirent de Rubens pour redonner à ce genre, et plus largement à la peinture française de la deuxième moitié du XVIII° siècle, un souffle épique nouveau. Vincent (n° 19) appartient à ce courant qui trouve dans l'esquisse des forces pour s'échapper du rococo. Au XIX° siècle l'esquisse perd définitivement sa spécificité de domaine d'étude, elle séduit les paysagistes qui voient dans sa facture relâchée le moyen le plus adéquat pour exprimer la fugacité d'une sensation et plus tard d'une *impression*. L'enseignement académique quant à lui fera de l'esquisse peinte un genre obligatoire soumis à concours (voir chapitre 5). Tandis que les courants d'avant garde de la fin du siècle et du début du suivant, trouvèrent dans la liberté de touche et de facture de l'esquisse la voie la plus sûre pour s'affranchir de la tradition et pour ouvrir la modernité.

---

(1) Rudolf Wittkower, introduction au catalogue de l'exposition *Masters of the loaded bush oil sketches from Rubens to Tiepolo.* Univ. of Colombia, 1967. Publié par Galerie Knoedler, New York.

SCHIAVONE
Andrea Meldolla, dit il Schiavone
Sebenico, v. 1522 - Venise, 1563

15
Adoration des Mages

Ce dessin virtuose n'est relié à aucune œuvre achevée connue mais la composition, ici brillamment mise en lumière, pourrait être celle d'un grand tableau d'autel. Cette technique parfaitement maîtrisée qui mêle les encres brunes et la gouache blanche donne la mesure de l'apport de Venise à l'art de l'esquisse peinte, dont la pratique va se généraliser au siècle suivant. Une telle capacité à faire naître les formes par des moyens purement plastiques, excluant toute recherche linéaire, préfigure, en effet, les plus belles réalisations de l'âge baroque.

Pinceau et lavis brun, rehauts de blanc. H. 0,30 ; L. 0,21. Collé en plein sur un montage avec bordure de papier au lavis jaune, filets à la plume et encadrement de papier bleu ; annoté à l'encre brune en bas, à gauche : *André Schivan*, au-dessous sous la bordure : *Andre Melotta dit Le Schiavon* et à droite : *116*.

Hist. : Ancienne collection du Président de Robien. Saisi à la Révolution, entré au Musée en 1794.

Inv. : 794.1.2518.

Bibl. : Cat. 1859 : C. 2, p. 77 (Schiavone). - Cat. 1863 : C. 4-2 : id. - Cat. 1871 : id. - Cat. 1876 : id. - Cat. 1884 : id. - Tietze et Tietze -Conrat, 1944, n° 1450, repr. pl. CI, 3.

Exp. : Paris, Petit Palais, 1965-66, n° 256, repr. - Paris, Rennes, 1972, n° 18, pl. XII. - Rennes, 1978, n° 198. - Nice, 1979, n° 40, repr. p. 54.

Rennes, Musée des Beaux-Arts.

andre melotta dit le Schiavon

Pierre-Paul RUBENS
Siegen, 1577 - Anvers, 1640.

16
Descente de croix

Le retour à Anvers, après un séjour en Italie de huit ans, marque pour Rubens le début de sa gloire et de sa fortune. Nommé peintre de cour de l'archiduc Albert, la notoriété s'installe et les commandes affluent : triptyque de l'*Érection de la croix* suivi en 1612 du fameux retable de la *Descente de croix* (tous deux à la cathédrale d'Anvers). Quelques années plus tard, les Capucins de Lille commandent au maître d'Anvers quatre tableaux dont une importante *Descente de croix*, actuellement au Musée de Lille (n° 16c). La date exacte de la commande n'est pas connue, mais on sait que les travaux eurent lieu en 1615-1616 et qu'en mars 1617 le tableau n'est pas encore livré.

La genèse de cet important tableau est connue grâce au dessin de Rennes (n° 16a) et à l'esquisse conservée à Lille (n° 16b). Le pathétique dessin présenté ici nous livre la première pensée de Rubens pour un thème qu'il abordera à plusieurs reprises dans sa vie. Pour Müller Hofstede (op. cit. 1966) la feuille de Rennes est liée à la genèse de la *Descente de croix* d'Anvers (fig. 1) et en constitue une première idée. L'auteur rapproche le style de cette ébauche du dessin de Montpellier pour la *Suzanne* de Madrid (v. 1610). Il est certain que des détails du dessin de Rennes se retrouvent dans le tableau d'Anvers et non dans celui de Lille : Madeleine soutenant le pied du Christ, ou l'homme en haut retenant le drap de ses dents. Néanmoins l'axe général de la composition, matérialisé par le corps du Christ, est à rapprocher du tableau de Lille. Peut-être convient-il de supposer que cette étude fut exécutée au moment des premières recherches pour le tableau d'Anvers (printemps 1611) puis reprise quelques années plus tard pour la commande des Capucins de Lille. Peut-on imaginer cette pratique chez Rubens, même s'il travaille vite et entouré d'une importante équipe d'assistants ?

L'esquisse à l'huile de Lille (n° 16b), qui se place chronologiquement après l'étude dessinée, est désormais considérée comme une copie ancienne, peut-être une réplique d'atelier (cf. Oursel, cat. exp. 1977 et 1984). La composition est en tout cas très proche du tableau achevé, et présente l'ensemble des personnages, sauf la vieille femme à gauche qui n'apparaît pas encore. En tout état de cause, cette brillante copie porte témoignage de l'existence d'un *modello* disparu.

Malgré le caractère lacunaire et problématique de la genèse de ce tableau, rappelons, avec H. Oursel, que la composition ainsi mise au point est importante dans la production de Rubens, puisque les *Descente de croix* de Leningrad, de la cathédrale d'Arras (détruite) et de l'église Saint-Jean-Baptiste d'Arras semblent en découler.

16a. Descente de croix

Plume et lavis brun. H. 0,22 ; L. 0,16. Collé en plein sur un montage avec à l'encre brune en bas, à droite dans la bordure : *93*.
Hist. : Ancienne collection du président de Robien. Saisi à la Révolution. Entré au Musée en 1794.
Inv. : 794.1.2542.
Bibl. : Cat. 1859 : C. 144, p. 101 (Rubens). - Cat. 1863 : C. 120-3 (A. Van Dyck). - Cat. 1871 : id. - Cat. 1876 : id. - Cat. 1884 : id. - Jaffé (M.), 1958, p. 14-21, repr. p. 17. - Burchard et d'Hulst, 1963, n° 71, repr. - Müller Hofstede, 1966, p. 446-447, 1978, pp. 70-71.

16 b

16 c

Fig. 1.

Exp. : 1956, n° 37. - Paris, Rennes, 1972, n° 42, repr. XXV - Anvers, 1977, n° 144, repr. p. 324.
Rennes, Musée des Beaux-Arts.

[*16b*]. Atelier de Rubens (?) - *Descente de Croix*

Huile sur bois. H. 0,54 ; L. 0,40.
Hist. : The Hamilton Palace Collection. - 10ᵉ vente, The Hamilton Palace, 1882, n° 1014. - Acquis par Sedelmeyer. - Acquis à Seldemeyer en 1893 sur les arrérages de la fondation Brasseur.
Inv. : P. 66.
Bibl. : Rooses, 1888, p. 123-125. - Baudouin, 1977, pp. 98 et 103. - Oursel, 1984, p. 142.
Exp. : Lille, Calais, Arras, 1977, n° 47, repr. - Paris, 1977, n° 153, repr.
Lille, Musée des Beaux-Arts.

[*16c*]. *Descente de Croix*

Huile sur toile. H. 4,25 ; L. 2,95. Ni signé, ni daté.
Hist. : Provient du couvent des Capucins à Lille. - Fonds ancien du musée.
Inv. : 74.
Bibl. : Rooses, 1888, p. 123-125. - Bialostocki, 1964, p. 511-524. - Baudouin, 1977, pp. 98 et 103. - Oursel, 1984, n° 13, p. 142, repr.
Lille, Musée des Beaux-Arts.

93

16 a

Anthonie SALLAERT

Bruxelles, v. 1590 - Bruxelles, 1658.

17
Deux esquisses en camaïeu

Il a paru intéressant de rapprocher de la petite esquisse de Rennes, *Alexandre et Diogène* (acquise en 1980 et publiée par J. Foucart à qui l'on doit la redécouverte de ce brillant talent) une autre esquisse qui lui est proche par la technique, le style et l'exécution : cette *Allégorie musicale* dont le titre cache une iconographie probablement plus complexe et dont l'inscription latine qui figure dans le haut à droite, *Inter Poni Tuus,* ne renseigne guère. On retrouve dans les deux œuvres cet art vigoureux qui utilise toutes les ressources contrastées du camaïeu (brun dans l'œuvre de Rennes, gris dans celle de Paris) pour camper ces personnages hanchés, presque dansants, au nez pointu, ces putti dodus et malicieux.

On sait peu de choses de ce peintre virtuose dont J. Foucart dénombre une quinzaine de tableaux, quelques dessins et gravures, alors qu'il acquit une place suffisamment importante pour devenir doyen de la guilde des peintres de Bruxelles en 1633 et 1648. Auteur probable de nombreux cartons de tapisseries (comme le suggère Van der Vennet, 1978), il convient peut-être de voir dans les deux œuvres ici regroupées l'expression d'une première idée pour l'une d'entre elles.

17a. *Alexandre et Diogène*
Huile sur papier marouflé sur toile, collé ultérieurement sur panneau de bois. H. 0,21 ; L. 0,32.
Hist. : Achat de la ville en 1980.
Inv. : 80.1.1.
Bibl. : Foucart, 1980, pp. 8-16. - Foucart, 1983, p. 362, repr. 8.
Exp. : Rennes, 1983, n° 5.

Rennes, Musée des Beaux-Arts.

17b. *Allégorie musicale*
Huile sur papier. H. 0,163 ; L. 0,196. Cachet de la collection Hoschédé en bas à gauche.
Hist. : Collection J. B. Descamps. - Collection Hoschédé (1891).
Bibl. : Paris, 1977, cité p. 207 du cat. - Foucart, 1980, p. 14, fig. 5.

Paris, collection marquis de Lastic.

17 a

17 b

Corrado GIAQUINTO
Molfetta, 1703 - Naples, 1766.

18
Vénus et Vulcain

Formé à Naples dans l'atelier de Nicola Maria Rossi et
Solimena, Giaquinto s'installe à Rome en 1723. Après
deux séjours à Turin, il poursuit sa carrière en Espagne
comme peintre du roi et directeur de l'Académie, de
1753 à 1762. Successeur de l'art brillant de Giordano,
Giaquinto demeure l'un des meilleurs représentants du
décor rocaille, ultime avatar du baroque européen.
Dans ce sujet mythologique aux effets luministes
constrastés, l'artiste brosse une esquisse à la composition riche et mouvementée. Autour du couple de Vénus
et Vulcain, en pleine lumière et peint de couleurs vives,
se déroulent une série de scènes annexes, dans des tons
de camaïeu. Destinée vraisemblablement à être agran-
die, on ignore si cette esquisse constitue une préparation
pour un tableau de chevalet ou un décor.

Huile sur toile. H. 0,48 ; L. 0,74.
Hist. : Legs Trégain en 1906.
Inv. : 06.27.58.
Bibl. : Cammas et Laclotte, 1964, note 21 p. 202. - Rosenberg et
      Brejon, 1984, n° 19 p. 84, fig. 22.
Rennes, Musée des Beaux-Arts.

François-André VINCENT
Paris, 1746 - Paris, 1816.

19
L'Enlèvement d'Orithye

Le rapprochement de ces œuvres, ici regroupées pour la première fois, est dû à Jean-Pierre Cuzin (1980) qui parvient à reconstituer, grâce à plusieurs attributions nouvelles, la genèse de cet important tableau qui fut aussi le « morceau de réception » de l'artiste à l'Académie Royale, le 27 avril 1782. Cette œuvre, actuellement à la préfecture de Chambéry, constitue le terme indiscutable de l'élaboration de cette composition dont on connaît un second tableau, du même sujet, mais de plus petites dimensions, qui fut lui aussi exposé au Salon de 1783 (n° 96 ; n° 94 pour la toile de Chambéry). Cette œuvre, dont on perd la trace depuis 1929 porte la date de 1781 et se trouve donc antérieure d'un an à celle de Chambéry.

L'élaboration est connue par une esquisse et deux dessins. Pour J.-P. Cuzin, « la toile de Tours constitue le « premier jet » du Borée et Orithye de 1781 ». (op. cit. 1980 p. 80). L'œuvre est pleine de cette liberté franche et exubérante, caractéristique des esquisses les mieux venues. Les deux grands dessins (n° 19b et 19c) sont à mettre en rapport avec la toile de Chambéry. On peut, avec J.-P. Cuzin, penser que le dessin le plus achevé (n° 19c) est en fait une réplique ; les dimensions, la technique plus picturale et l'exécution moins enlevée confirment cette hypothèse.

Reste le problème de l'attribution et de la datation de l'esquisse de Rennes. J.-P. Cuzin fut le premier à proposer une attribution à Vincent et à voir une première idée pour l'*Enlèvement d'Orithye*. L'exécution moins nerveuse, et sans ces empâtements caractéristiques, serait une œuvre de jeunesse, antérieure au séjour italien de 1771-75. Notre tableau est d'ailleurs très proche d'une *Assomption de la Vierge* de 1771 de la donation Kaufmann et Schlageter, Musée du Louvre (cat. 1984, n° 17, repr. et Cuzin, op. cit. p. 82).

Cette reprise d'une idée de jeunesse est tout à fait révélatrice de la façon dont les peintres pouvaient « gérer » leur inspiration en brossant à grands traits une première pensée, puis la reprenant, en la modifiant, une dizaine d'années plus tard. Il faut croire que cette idée tenait à Vincent puisqu'elle a pu résister au fructueux séjour italien, moment particulièrement favorable aux remises en cause, voire aux remises en question.

19a. *L'enlèvement d'Orithye*

Huile sur toile. H. 0,56 ; L. 0,45.
Hist. : Legs de Trégain, 1906 (Lagrenée).
Inv. : 06.27.55.
Bibl. : Cuzin, 1980, p. 82, repr. 7.

Rennes, Musée des Beaux-Arts.

19b. *L'enlèvement d'Orithye*

Plume, encre brune, lavis brun et sanguine. H. 0,495 ; L. 0,350.
Hist. : Ancienne collection M. Max Loeb, Paris (attribué à Fragonard).
Bibl. : Ananoff, 1961, t I, p. 170, n° 407, fig. 152 (comme Fragonard) Cuzin, 1980, p. 80, repr.

Paris, collection particulière.

19c. *L'enlèvement d'Orithye*

Huile sur toile. H. 0,68 ; L. 0,54.
Inv. : 873.3.1.

19 b

19 e

Bibl. : Lossky, 1962, n° 83 (J.-B. Regnault). - Cuzin, 1980, p. 81, fig. 1. - Cuzin, 1986, p. 41, repr.
Exp. : Bregentz, 1968-69.

Tours, Musée des Beaux-Arts.

19d. *L'enlèvement d'Orithye*

Huile sur toile. H. 2,60 ; L. 1,95.
Hist. : Morceau de réception à l'Académie en 1782. Salon de 1783. Envoi à la Préfecture de Savoie, le 24 août 1867. Collections de l'Académie. Musée du Louvre.
Inv. : MR 2696 ; Inv. 8449.
Bibl. : Locquin, rééd. 1978, fig. 186. - Cuzin, 1980, p. 80, repr. fig. 2.

Musée du Louvre, en dépôt à Chambéry, Préfecture de Savoie.

19e. *L'enlèvement d'Orithye*

Plume, lavis de brun, rehauts de gouache blanche et de craie sur papier bleu devenu beige. H. 0,63 ; L. 0,45. s.d.b.g. *Vincent/1782*. Collé en plein. Inscription autographe au verso à la plume : *appartenant à Monsieur Auguste / aoust 1782 Vincent*.
Bibl. : Cuzin, 1980, p. 80, fig. 6.

Paris, collection particulière.

19 a

19 d

Thomas COUTURE
Senlis, 1815 - Villiers-le-Bel, 1879.

20
La courtisane moderne

Amateur de grandes compositions historiques et allégoriques, Couture entreprend au cours des années soixante cette ample fresque satirique qu'est la *Courtisane moderne*. C'est un peintre célèbre, quoique ne faisant pas l'unanimité, qui est alors connu pour de grands tableaux tels *Les Romains de la décadence* (1847 - Paris, Musée d'Orsay), de vastes et ambitieuses compositions, d'ailleurs laissées inachevées : *L'enrôlement des volontaires de 1792* (1848 - 1852, Beauvais, Musée Départemental de l'Oise) ou le *Baptême du prince impérial* (1856 - Musée National du Château de Compiègne).

Ce sujet de la courtisane moderne intéressa Couture pendant au moins dix ans, soit entre 1864 (date d'un dessin d'ensemble, n° 20g) et 1873 (date de la version du tableau de Philadelphie, n° 20i). Sur ce thème, le peintre exécute deux versions qui diffèrent essentiellement dans le décor au milieu duquel évolue cet étrange attelage. La version de Philadelphie (n° 20i) correspond au prototype, connu également sous le titre du *Sentier épineux*, dont le château de Compiègne conserve un ensemble de dessins manifestement en rapport. Après 1873 (entre 1874 et 1876 selon A. Boime) Couture modifie le décor de sa composition pour la faire évoluer dans ce vaste paysage panoramique, visible dans les tableaux de la collection Stuart Pivar de New-York (n° 20n), et de Rennes (n° 20l). Nous verrons plus loin quelle interprétation allégorique donner à cette modification.

L'iconographie du sujet a été étudiée par A. Boime (1980), elle s'apparente au thème du char triomphal, emportant en même temps les signes du passé et du présent, incarnés dans des types symboliques. Une prostituée, drapée d'une façon classique, sinon antique, accompagnée de sa vieille mère, conduit un phaëton tiré par quatre captifs vêtus de costumes d'époques différentes : le satyre qui incarne la fatuité, un troubadour qui symbolise les illusions du jeune poète ; le jeune étudiant avec son chapeau lauré qui illustre le divorce entre les principes de l'éducation et la réalité quotidienne, enfin un vieux soldat évoquant la dérision de l'homme de guerre soumis au fouet d'une femme méprisable (la défaite de Sedan est encore dans la mémoire de chacun). Dans la seconde version, l'allusion aux événements contemporains est plus directe avec ce paysage panoramique où l'on peut reconnaître les rives de la Seine et Paris. En stigmatisant avec amertume les maux de la société française incarnée par deux jeunes gens pleins d'espoir, mais surtout deux hommes mûrs débiles, les causes de la récente défaite militaire française apparaîtront plus clairement.

Pour mener à bien un projet aussi ambitieux, Couture, qui n'en est pas à son coup d'essai, va se livrer à une impressionnante série d'études et d'esquisses. Le Musée National du Château de Compiègne conserve trente six dessins préparatoires, quasiment inédits, dont nous présentons cinq des plus significatifs. Dans une belle étude (n° 20a) l'artiste recherche la cadence du groupe attelé ; vient ensuite le détail de chacun des personnages, de la voiture, de la statue du satyre, des épines du sentier. Des variations sensibles, notamment dans la juste inclinaison des visages, nous prouvent la patiente et laborieuse méthode du peintre. On se souvient à ce propos le passage du journal de Delacroix (20 février 1847) où l'auteur des *Femmes d'Alger* rapporte les propos d'une conversation avec Couture : « Il me dit, et je le crois bien, qu'il se sent surtout propre à faire d'après nature. Il fait, dit-il, des études préparatoires pour apprendre par cœur, en quelque sorte, le morceau qu'il veut peindre et s'y met ensuite avec chaleur ».

Les études à l'huile sont menées avec autant de minutie pour les détails : la cuirasse (n° 20h) ou le visage de la courtisane (n° 20j et 20k). Pour des raisons ignorées, seule la version de la Pennsylvania Academy semble achevée (n° 20i) ; la seconde version, au paysage panoramique, n'a pas été poussée plus loin que dans cette toile, de grandes dimensions, de la collection Stuart Pivar (n° 20m).

La critique accueillit mal cette œuvre savante qui mêlait époques et genres, modernité et tradition. Quant à nous, sachons reconnaître dans cette composition l'une des dernières manifestations - originales - de la peinture allégorique mise en œuvre selon les principes et les méthodes d'une technique pluriséculaire.

20a. *Groupe de personnages*
Mine de plomb. H. 0,22 ; L. 0,30.
Hist. : Don de Mme Camille Grodet-Moatti.
Inv. : C 71271.

Compiègne, Musée National du Château.

20b. *Étude de personnage attelé (satyre)*
Mine de plomb, rehauts de blanc sur papier grisaille. H. 0,43 ; L. 0,31..
Hist. : Don M. Bertauts Couture.
Inv. : C 53.024.
Bibl. : Boime, 1980, p. 368, pl. IX. 101.

Compiègne, Musée National du Château.

20c. *Deux têtes (tête de satyre)*
Fusain. H. 0,37 ; L. 0,27.
Hist. : Don de M. Bertauts-Couture.
Inv. : C 52011/234.

Compiègne, Musée National du Château.

20d. *Cinq études pour une tête d'homme portant un chapeau lauré*
Plume et encre. H. 0,23 ; L. 0,21.
Hist. : Don de M. Bertauts-Couture.
Inv. : C 52011/122.

Compiègne, Musée National du Château.

20e. *Étude pour une figure les mains jointes*
Fusain sur papier gris bleu. H. 0,39 ; L. 0,31.
Hist. : Don de M. Bertauts-Couture.
Inv. : C 53022.

Compiègne, Musée National du Château.

[20f]. *Tête de satyre*
Craie sur papier. H. 0,38 ; L. 0,29. Signé T. C. au milieu à gauche
Miami, Collection du Professeur Artine Artinian.

[20g]. *La Courtisane*
Craie, rehauts à la craie blanche sur papier beige, signé d'un monogramme et daté 1864, sur la statue du satyre, au centre. H. 0,41 ; L. 0,61.
Hist. : Vente Paris, Drouot, 23 nov. 1970, Me Ader Picard.

États Unis, collection particulière.

20 a

20 b

20 d

20 c

20 f

20 e

20 g

20 h

20 j

20 i

20 k

20 m

20h. *Étude de cuirasse*

Huile sur toile. H. 0,59 ; L. 0,73.
Inv. : 006-63
Exp. : Senlis, 1979, sans catalogue.

Senlis, Musée d'Art et d'Archéologie.

[*20i*]. *La courtisane moderne*

Huile sur toile. H. 1,30 ; L. 1,90. Monogrammé et daté *1873*, sur la statue du satyre, au centre.
Hist. : Collection Henri Gibson, mécène de Couture. - Pennsylvania Academy of Fine Arts, Philadelphia.
Bibl. : Boime, 1980, p. 363, repr. IX 93. Georgel, 1975, p. 66, fig. 6. - Vaisse, 1977, p. 53, 55.

Philadelphia, Academy of Fine Arts.

20j. *Tête de femme*

Huile sur bois. H. 0,46 ; L. 0,37. Signé en bas à gauche : *T. C.*, non daté.
Hist. : Collection Bertauts-Couture. Entrée au Louvre avec cette collection en 1951. (R.F. 1964.20). Dépôt du Louvre au Musée de Rennes en juin 1966.
Inv. : D.66.1.3.
Bibl. : Howe (J. W. J2.), 1951, chap. III, n° 126. Boime, 1980, p. 370, pl. IX 102.
Exp. : Paris, 1880, n° 114.

Rennes, Musée des Beaux-Arts.

[*20k*]. *Tête de femme*

Huile sur bois. H. 0,46 ; L. 0,37.
Hist. : Dépôt de l'État à Rennes de 1966 à 1982 puis à Beauvais.
Bibl. : Bertauts-Couture, 1932, repr. h. t. p. 104.
Inv. : RF 1964.19.

Beauvais, Musée Départemental de l'Oise.

20l. *La courtisane*

Huile sur bois. H. 0,38 ; L. 0,46. Signé en bas à gauche : *T. C.*, non daté.
Hist. : Collection Bertauts-Couture. Entrée au Musée du Louvre avec cette collection en 1951. R.F. 1964. 18. Dépôt au Musée de Rennes en juin 1966.
Inv. : D.66.1.1.
Bibl. : Ballu, 1880. - Blanc, 1880. - Howe' 1951, n° 137. - Vaisse, 1977, repr. p. 57, fig. 19.
Exp. : Paris, 1880, - Senlis, 1931, p. 4, n° 8.

Rennes, Musée des Beaux-Arts.

[*20m*]. *La courtisane*

Huile sur toile. H. 1,49 ; L. 2,17.
Hist. : Bladeslee and Co., New York, 1893. - Daniel W. Powers, Rochester (N. Y.), 1899. - Stuart Pivar, New York.
Exp. : Southampton, New York, 1986, n° 21, repr.

New York, collection Stuart Pivar.

20 1

Gustave CAILLEBOTTE
Paris, 1848 - Gennevilliers, 1894.

21
Le Pont de l'Europe

Comme ses amis du groupe impressionniste avec lequel il expose jusqu'en 1882, Caillebotte est séduit par la simplicité des sujets modernes et de plein air. Quoi de plus banal, en effet, que cette perspective métallique animée par quelques promeneurs. Le site est résolument contemporain : *Le Pont de l'Europe* dont la forme en X enjambe les voies de la gare Saint-Lazare, qui, elle aussi devait retenir l'admiration de Monet.

Caillebotte entreprend son sujet de façon méthodique ; il se souvient de son passage dans l'atelier de Bonnat à l'École des Beaux-Arts. Les six esquisses conservées témoignent d'une recherche patiente où le peintre étudie avec le même soin, le décor et les personnages de ce tableau conçu comme une mise en scène. D'emblée la composition apparaît avec cette longue perspective prise dans une lumière éclatante, où les personnages varient dans leur place et leur position, d'une esquisse à l'autre. Ainsi que le précise M. Berhaut on sait que Caillebotte s'est représenté lui-même accompagné probablement de son amie, Madame Hagen. Comme le note J. Kirk T. Varnedoe (dans « Caillebotte's Pont de l'Europe : a new slant » in *Art International*, avril 1974) la position inversée du personnage dans l'étude (n° 21c), par rapport au tableau final (n° 21g), force à penser que l'artiste a utilisé un négatif photographique. En s'inscrivant ainsi dans la longue tradition des autoportraits déguisés, Caillebotte utilise le secours de la technique la plus moderne. Dans toutes ces études, dans tous ces calculs, on notera la présence de ce chien sans maître, dans le tableau définitif, ultime trouvaille de l'artiste qui renforce ainsi l'oblique de l'ombre portée du pont et crée en même temps une diversion pour l'œil, comme le ferait l'irruption du mouvement dans un long *travelling* cinématographique.

Caillebotte exécuta deux autres tableaux, totalement différents, mais plus simples dans leur composition et avec pour décor cette même structure métallique. (Berhaut, 1978, nos 45 et 46).

[*21a*]. *Le Pont de l'Europe*

Huile sur bois. H. 0,82 ; L. 1,20.
Hist. : Nadar, Paris. - Fromentin, Paris. - Vente collection Fromentin, Paris, Drouot, 5 décembre 1901, n° 2 *(Le Pont de Fer).* - Vente, Paris, Drouot, 13 décembre 1937, Salle 11, n° 57 *(Sur le Pont).* - Metthey, Paris, C. 1941. - Wildenstein. - Acquis par Knox Art Gallery.
Bibl. : Berhaut, 1978, n° 38, repr.
Exp. : New York, 1968, n° 6. - Houston, New York, 1976-77, n° 77.

Allbright Knox Art Gallery, Buffalo, USA.

21b. Le Pont de l'Europe

Huile sur toile. H. 0,33 ; L. 0,45. Signé en bas à gauche.
Hist. : Étude partielle exécutée sans doute vers 1876. Collection Chardeau, Paris. Acquis par la ville en 1962.
Inv. : 62.18.1.
Bibl. : Berhaut, 1951, n° 26, non paginé. - Bouret, 1951, cité. - « Nouvelles Acquisitions » in *Chronique des Arts*, février 1963, repr. p. 6. - Viatte, 1964, n° 4-5, p. 291, n° 62. - Berhaut, 1978, p. 91, repr. n° 39. Foucart, 1986, p. 41.
Exp. : Paris, 1951, n° 26. - Houston, New York, 1976-77, n° 19, p. 102, repr.

Rennes, Musée des Beaux-Arts.

21 a

21 b

21 c

21 d

21c. Le Pont de l'Europe

Huile sur toile. H. 0,54 ; L. 0,73 (par Martial Caillebotte) en bas à droite : *G. Caillebotte.*
Hist. : Daufresne, Paris. - Martial Caillebotte.
Bibl. : Berhaut, 1951, n° 21. - Roger-Marx, 1956, repr. p. 34. - Berhaut, 1978, n° 40.
Exp. : Paris, 1951, n° 9, - Chartres, 1965, n° 3. - New York, 1968, n° 5. - Houston et New York, 1976-77, n° 18.
Paris, collection particulière.

21d. Le Pont de l'Europe, étude

Huile sur toile. H. 0,56 ; L. 0,46.
Hist. : Famille de l'artiste. - Collection particulière
Bibl. : Berhaut, 1978, n° 41, repr.
Exp. : Houston, New York, 1976-77, n° 20.

Paris, collection particulière.

[21e]. Étude d'homme pour le Pont de l'Europe

Huile sur toile. H. 0,55 ; L. 0,38.
Hist. : Famille de l'artiste. - Lorenceau, Paris. - Coll. part. Londres. - Vente Londres, Sotheby's, 30 mars 1966, n° 27. - Stephen Hahn Gallery, New York, c. 1970. Acquavella Galleries inc. New York.

Bibl. : Berhaut, 1978, n° 42.

New York, Acquavella Galleries inc.

[21f]. Le Pont de l'Europe, étude

Huile sur toile. H. 0,73 ; L. 0,50. Signé en bas à gauche : *G. Caillebotte.*
Hist. : Vente Drouot, 20 janvier 1947, salle 9., P. Lamy, Paris - Korb, Paris, c. 1974.
Bibl. : Berhaut, 1978, n° 43.

Non localisé.

[21g]. Le Pont de l'Europe

Huile sur toile. H. 1,31 ; L. 1,81. Signé et daté en bas à droite *G. Caillebotte. 1876.*
Hist. : Donné par Caillebotte à E. Lamy. - Madame Drouilly, née Lamy, Paris. - Vente, Paris, Galerie Charpentier, 5 juillet 1956, n° 37. - Acquis par Oscar Ghez pour sa fondation au Musée du Petit Palais de Genève.
Bibl. : Berhaut, 1978, n° 44, repr. (bibl. compl.)
Exp. : Cf. Berhaut par la liste complète.

Genève, Musée du Petit Palais.

21 e   21 f

21 g

Jean-Jacques HENNER
Bernwiller, 1829 - Paris, 1905.

22
Portrait du peintre Eugénie-Marie Gadiffet-Caillard

Henner avait l'habitude de représenter, dans de rapides esquisses, les membres de sa famille ou ses proches. Ces études n'étaient pas destinées à être reprises dans la perspective de tableaux achevés, elles constituaient plutôt des témoignages d'affection ou d'amitié. Isabelle de Lannoy qui a établi le catalogue de Henner (thèse non publiée, 1987) a regroupé sept portraits peints de Mademoiselle Gadiffet-Caillard, qui fit vraisemblablement la connaissance de Henner en 1886, et devint son modèle et élève. Tous ces portraits sont de profil mais avec une expression différente. Les agendas de Henner mentionnent des séances de pose en janvier 1891, et une autre en juillet.

Ces portraits destinés à l'intimité sont autant d'instantanés exprimés dans cette gamme sombre, et plongés dans une atmosphère brumeuse qui confère ici, au genre du portrait, une intensité mystérieuse. Comme l'a écrit Gaston Cheyssial : « L'esquisse est une forme qui sied à Henner, produit de l'enthousiasme et de la prime-création, éxécutée avec la liberté de l'idée qui s'épanche mais ne se conclut pas, c'est une forme ouverte et spontanée où le sentiment dominant la technique s'exprime de la façon la plus directe ». *(Musée National J.-J. Henner. Petits guides des grands musées,* Paris, 1979, p. 1).

22 a   22 b

22 c   22 d

22 e   22 g

22a. Portrait de Mademoiselle Gadiffet-Caillard
Huile sur toile. H. 0,23 ; L. 0,17.
Hist. : Collection de l'artiste. Donation en 1923.
Inv. : 358.
Bibl. : Cat. 1923, p. 19, n° 358. - de Lannoy, 1987, p. 1242, 1243.

Paris, Musée Henner.

22b. Portrait de Mademoiselle Gadiffet-Caillard
Huile sur toile. H. 0,33 ; L. 0,22.
Hist. : Donation Henner, 1923.
Inv. : 359.
Bibl. : de Lannoy.

Paris, Musée Henner.

22c. Portrait de Mademoiselle Gadiffet-Caillard
Huile sur toile. H. 0,27 ; L. 0,19.
Hist. : Donation Henner, 1923.
Inv. : 360
Bibl. : de Lannoy, 1987, p. 1242, 1243.

Paris, Musée Henner.

22d. Portrait de Mademoiselle Gadiffet-Caillard
Huile sur toile. H. 0,23 ; L. 0,13.
Hist. : Donation Henner, 1923.
Inv. : 361
Bibl. : de Lannoy, 1987, p. 1242, 1243.

Paris, Musée Henner.

[22e]. Portrait de Mademoiselle Gadiffet-Caillard
Huile sur toile.
Hist. : Collection de l'artiste. - Donation en 1923.
Inv. : 362
Bibl. : de Lannoy, 1987.

Paris, Musée Henner.

22f. Portrait de Mademoiselle Gadiffet-Caillard
Huile sur carton. H. 0,31 ; L. 0,21. Au dos, dessin de torse féminin au fusain.
Hist. : Collection de Mademoiselle Yvonne Dubel. Coll. Pierre Schang, don au Musée en 1959.
Inv. : 59.29.1
Bibl. : Gazette des Beaux-Arts, 1960, janv. p. 10 de la chronique, repr. - Vergnet-Ruiz, Laclotte, 1962, p. 239. - de Lannoy, 1987, p. 1242, 1243.

Rennes, Musée des Beaux-Arts.

22g. Portrait du peintre Eugénie-Marie Gadiffet-Caillard
Huile sur toile. H. 0,55 ; L. 0,33. s.d.h.g. *J.-J. Henner / 1892.*
Hist. : Atelier de l'artiste ; collection Jules Henner en 1905. Donation Jules Henner à la ville de Paris pour le Musée du Petit Palais en 1906.
Inv. : P.P.P.190
Bibl. : Grankowski, 1927, n° 579 p. 105. Laffon, 1981, n° 461, repr. -de Lannoy n° 594.
Exp. : 1908, Franco British Exhibition, Londres, n° 262 - 1941, Paris, Rétrospective du Salon.

Paris, Musée du Petit Palais.

22 f

Chapitre *3*   Aux sources de l'inspiration

Première idée n'est pas nécessairement synonyme d'idée originale. Notre enquête menée pour la préparation de cette exposition nous a montré que l'inspiration d'un artiste nait souvent d'une autre œuvre, qui joue alors le rôle d'un modèle, transformé ou non. Il eut été injustifié de ne pas évoquer cet aspect tant il joue un rôle primordial dans la diffusion des formes et l'établissement d'un style. L'exemple le plus radical est bien sûr fourni par le phénomène de la copie ; le cas du jeune Natoire copiant Véronèse (n° 20) dans le cadre d'une commande, avant de s'imposer par des créations personnelles, est révélateur d'une démarche à laquelle les plus grands peintres ont été souvent confrontés.

Étant donné la petite taille des communautés artistiques et la proximité des milieux dans lesquels ils évoluent, les interférences furent nombreuses. Dans ce mouvement le développement de la gravure, au long du XVIᵉ siècle, fut prépondérant. Les exemples pris dans les écoles françaises, italiennes et flamandes (n° 23, 24, 25, 28) montrent la variété des genres traités mais aussi l'ampleur de certains parcours : lorsque Mathonière grave l'histoire d'Esther (n° 23) c'est d'après un dessin de Delaune qui est lui-même une reprise, à peine transformée, d'une idée d'Antoine Caron. Mais les feuilles circulent et les auteurs sont vite oubliés, quoique légalement inscrits sur l'estampe elle-même. La gravure de Galle donne ainsi naissance à deux tableaux bien différents ; l'un est une transcription presque littérale du modèle flamand (n° 27b), l'autre se présente comme une adaptation plus subtile du schéma de la gravure à la représentation d'un événement local : la Révolte du papier timbré. Pour mener à bien son propos, le peintre, qui avait l'ambition d'une figuration allégorique et symbolique, et qui fut sans doute dépassé par ce projet savant, eut recours à un modèle fourni par la gravure. Le procédé est très fréquent mais parfois plus difficile à déceler et à identifier.

Étienne DELAUNE
Orléans, 1518 - ?, 1583.

23
Histoire d'Esther

Les deux séries regroupées, qui illustrent deux épisodes de l'histoire d'Esther possèdent une filiation commune : Delaune s'inspire d'une gravure de Denis de Mathonière, lui-même travaillant d'après un dessin d'Antoine Caron. Ces interférences ne sont pas rares chez les anciens maîtres pour qui la notion de plagiat existe peu. A l'origine, vraisemblablement, une suite sur l'histoire d'Esther, dessinée par Caron, dont seuls les trois premiers dessins ont pu être identifiés : le *Banquet d'Assuérus* (Francfort-sur-le-Main, Staatlisches Kunstinstitut), le *Couronnement d'Esther* (n° 23d), enfin *Bagathan et Tharès* (n° 23a) les deux conspirateurs qui finirent pendus. Les gravures de Denis de Mathonière, au nombre de six, transposent avec quelques modifications dans le décor, et les architectures, les épisodes de la vie de cette importante figure de l'Ancien Testament, incarnés par ces personnages sveltes et dansants, typiques du style de Caron. Delaune retrouve d'une façon inattendue cette même élégance, quoiqu'il ait travaillé d'après les gravures, la similitude du sens de la composition est là pour nous en persuader. Il adapte la composition à un format circulaire. Les deux dessins conservés (n° 23c, 23f) présentent ce format identique, avec des dimensions et une technique graphique analogues. Delaune semble faire sienne cette idée de composition organisée à partir d'un couple de personnages.

Ces cheminements exemplaires, qui sont autant d'épisodes de la vie des formes au XVIᵉ siècle, nous montrent le rôle essentiel de la gravure qui va prendre son essor au cours du siècle et permettre à l'Europe de connaître une unité esthétique incomparable grâce au *maniérisme*, style avec lequel notre époque ne cesse de trouver affinités et résonnances. En s'inspirant d'un modèle, ces artistes ne se copient pas ; ils réagissent, avec des moyens et une technique qui leur sont propres, à une composition qui, pour n'être pas de leur invention, n'en incarne pas moins une commune aspiration.

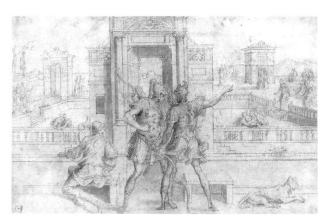

23 a

23 b

23 c

74

Antoine Caron
(Beauvais, 1521 - Paris, 1599)
[23a]. *Bagathan et Tharès*

Plume et encre brune, lavis gris et sépia, rehauts de blanc. H. 0,245 ;
L.0,386.
Inv. : 19528.
Bibl. : Ehrmann, 1962, p. 412, repr. fig. 2. - Ehrmann, 1986, p. 179,
repr. fig. 142.
Münich, Graphische Sammlung.

Denis de Mathonière
(Paris, v. 1560 - ?, av. 1596)
[23b]. *Bagathan et Tharès*

Gravure sur bois. H. 0,410 ; L. 0,490. 3ᵉ planche d'une série de six :
Histoire d'Esther.
Bibl : Adhémar, t. II, p. 9. - Ehrmann, 1962, p. 411, fig. 1. - Ehrmann,
1986, p. 179, 180, fig. 146.
Paris, Bibliothèque Nationale.

Étienne Delaune
23c. *Bagathan et Tharès*

Plume et lavis. Diam. 0,163. Collé en plein sur un montage carré avec
filets à la plume, bordure au lavis jaune et encadrement de papier bleu ;
annoté à l'encre brune, en bas, à droite, sur la bordure : *209.*
Hist. : Collection du président de Robien. Saisi à la Révolution, entré
au Musée en 1794.
Inv. : 794.1.2574.
Bibl. : Cat. 1859 : Ç. 132, p. 86, (École Italienne). - Cat. 1863 : C. 51-3
(attribué à Étienne de Laulne). - Cat. 1871 : (id.). - Cat. 1876 :
(id.). - Cat. 1884 : (id.). - Lavallée, 1938, nᵒ 3. - Ehrmann, 1986,
p. 179, repr. fig. 147.
Exp. : Paris, Rennes, 1972, nᵒ 74, repr. XXXVIII. - Rennes, 1978,
nᵒ 196.
Rennes, Musée des Beaux-Arts.

Étienne Delaune
[23d]. *Le couronnement d'Esther*

Plume et mine de plomb, lavis de sépia. H. 0,26 ; L. 0,36.
Inv. : Folio 16 040, Cart. 8 (2), nᵒ 17.
Bibl. : Ehrmann, 1962, p. 413, fig. 5. - Ehrmann, 1986, p. 179, repr.
fig. 148.
Turin, Bibliothèque Nationale.

Denis de Mathonière
[23e]. *Le couronnement d'Esther*

Gravure sur bois. H. 0,410 ; L. 0,490. 2ᵉ planche d'une série de six :
Histoire d'Esther.
Bibl. : Adhémar, t. II, p. 9. - Ehrmann, 1962, p. 142, fig. 4. - Ehrmann,
1986, p. 179-181, fig. 149.
Paris, Bibliothèque Nationale.

Étienne Delaune
23f. *Le couronnement d'Esther*

Plume, encre brune, lavis d'indigo. Diam. 0,160.
Hist. : Collection J. Masson.
Inv. : E.B.A. nᵒ M. 1386.
Bibl. : Ehrmann, 1962, p. 412, repr. fig. 3. - Ehrmann, 1986, p. 179,
repr. fig. 150.
Exp. : Paris, École des Beaux-Arts, 1958, nᵒ 72.

Paris, École Nationale Supérieure des Beaux-Arts.

23 d

23 e

23 f

Pierre de CORTONE et
Guillaume CHASTEAU

24
La Vierge et l'Enfant Jésus entourés de saints

Ayant effectué, jeune, le voyage d'Italie et ayant appris l'art de la gravure chez Greuter, l'un des meilleurs maîtres de Rome, Guillaume Chasteau revint s'établir en France où il fut l'un des premiers graveurs à être reçu à l'Académie. C'est donc fort de cette expérience italienne unique qu'il entreprend la gravure de cette large composition de Pierre de Cortone, où apparaissent dans une frise cadencée, les figures successives de sainte Catherine, sainte Agnès, sainte Ursule, sainte Dorothée et sainte Cécile. Le dessin fut identifié par W. Vitzthum comme une œuvre exécutée par l'atelier sous le contrôle du maître (lettre du 11 novembre 1962 au dossier de l'œuvre). Il s'agit en effet d'un dessin assez libre, à la pierre noire, qui a été rehaussé au lavis et à la gouache ; on observe un repentir dans la position et l'inclinaison du corps de sainte Ursule, couronnée, et porteuse d'un étendard. Ce type de dessin achevé, sans doute avec une participation de l'atelier, fait référence à la phrase de Mariette dans le catalogue de la collection Crozat (1741, p. 26) : « Rien n'est si rare en Italie, que les Desseins de Pietro de Cortone : on ne rencontre le plus souvent que des croquis de ce Peintre. Ses Desseins finis et arrêtés n'ont point de prix ; surtout quand ce sont de grandes Compositions, telles qu'on en voit plusieurs dans la collection de M. Crozat ».

Pierre de Cortone (Pietro Berrettini dit)
(Cortone, 1596 - Rome, 1669)
24a. La Vierge et l'Enfant Jésus entourés de saints

Lavis brun et gouache blanche sur pierre noire. H. 0,386 ; L. 0,497. Collé en plein sur un montage avec encadrement de papier bleu.
Hist. : Collection du président de Robien. Saisi à la Révolution, entré au Musée en 1794.
Inv. : 794:1.3126.
Bibl. : Cat. 1859, p. 66, C. 23 (Maratti). - Cat. 1863, p. 67, C. 25-2 (École italienne XVIIᵉ). - Cat. 1874, id. (id.). - Cat. 1876, id. (id.). - Cat. 1884, id. (id.).
Rennes, Musée des Beaux-Arts.

Guillaume Chasteau
(Orléans, 1635 - Paris. 1683)
24b. La Vierge et l'Enfant Jésus entourés de saints

Gravure au burin d'après Pierre de Cortone. H. 0,355 : L. 0,455. A gauche en bas : *Aeques Petrus Berretinus Corton. In. Romae.* Dans la marge : *Sanctis Virginibus quunque...* Dessous : *G. Chasteau fecit et excudit Parisiorum, cum Privilegio Regis,* près la porte de la Conférance chez Mr Renard.
Bibl. : Weigert, 1951, II, n° 6, p. 286.

Paris, Bibliothèque Nationale.

Sanctis Virginibus quinque Catharinæ, Agneti, Cæciliæ, Dorotheæ, et Vrsulæ Martyribus, paratis adire obuiam sponso Virgini, qui puer adhuc portatur inter vlnas Matris Virginis, et Lilia, palmasq., symbola Virtutis inclitæ puritatis et fortitudinis porrigit sponsis

24 b

24 a

Theodoor VAN THULDEN
Bois-le-Duc, 1606 - Bois-le-Duc, 1669.

25
Sainte Constance

Collaborateur de Rubens et auteur lui-même d'une série de gravures célèbres d'après les fresques de Primatice à la galerie d'Ulysse de Fontainebleau, Van Thulden exécute un certain nombre de dessins destinés à la gravure, comme cette série de figures de saints conservée à l'Ermitage de Leningrad, à laquelle appartient la feuille de Rennes. Sur un dessin à la pierre noire, l'artiste pose un lavis qui indique de façon claire et suggestive au graveur, les parties à mettre en lumière. Pour Alain Roy, auteur d'une thèse non publiée sur l'artiste (1974, Strasbourg), il s'agit d'un dessin sûr de Van Thulden, que l'on peut dater entre 1640 et 1644.

25a. Sainte Constance

Plume et encre brune, lavis brun et pierre noire. H. 0,25 ; L. 0,13. Collé en plein sur montage avec filets à la plume, bordure de papier au lavis jaune, encadrement de papier bleu. Annoté sur le dessin en bas à droite, à la plume, *V. Tulden* ; sur la bordure, en bas à droite, à la plume *183* ; sur l'encadrement en haut à la plume 1607 et en bas cachet de la bibliothèque.

Hist. : Collection du président de Robien. Saisi à la Révolution, entré au Musée en 1794.

Inv. : 794.1.3315.

Bibl. : Cat. 1860 : C. 62, p. 104 (van Thulden). - Cat. 1863 : C. 88, p. 100 (id.). - Cat. 1871 : C. 88-1, p. 126 (id.). - Cat. 1876 : C. 88-1, p. 169 (id.). - Cat. 1884 : C. 88-1, p. 196 (id.).

Rennes, Musée des Beaux-Arts.

Reiner van Persijn
(Alkmaar, v. 1614 - Gouda, 1688)
25b. Sainte Constance

Gravure au burin et à l'eau-forte d'après van Thulden. H. 0,251 ; L. 0,136. Deuxième état sur deux. En bas au centre : S CONSTANTIA. Sur une autre ligne : *P. de Ballin exc. T. van Tulden del. R.A. Persijn Sculp.*

Hist. : Collection du président de Robien. Saisi à la Révolution, entré au Musée en 1794.

Inv. : 794.1.3809.

Bibl. : Hollstein, vol. XVII, n° 2, p. 70. - Hulst, 1973, repr. p. 189.

Rennes, Musée des Beaux-Arts.

25 b

25 a

Michel II CORNEILLE, dit le Jeune
Paris, 1642 - Paris, 1708.

26
La vocation de saint Pierre et saint André

Les trois œuvres ici regroupées permettent de retracer le cheminement d'une création liée à deux institutions majeures de la vie artistique de l'époque classique : la réception à l'Académie et les *Mays* de Notre-Dame de Paris. Ces peintures, ou *Mays*, étaient offertes au mois de mai à la cathédrale de Paris par la corporation des orfèvres qui avait coutume de commander, chaque année (entre 1630 et 1707), un tableau de grandes dimensions à un peintre en renom. En 1672, la commande échoit à Michel Corneille, qui entreprend, comme le veut la tradition des Mays, de représenter un épisode de la vie des apôtres : la vocation de saint Pierre et de saint André.

Le dessin récemment identifié (n° 26a) dans une collection lorientaise témoigne de la première idée du peintre pour son tableau. Dessinateur abondant, Corneille nous livre ici l'essentiel de sa composition avec cette écriture déliée et rapide que l'on retrouve dans un grand nombre de dessins du Louvre. Ce même musée conserve un ensemble de feuilles consacrées au thème de la pêche qui semble avoir particulièrement retenu l'attention de l'artiste (Guiffrey-Marcel, vol. III, n° 2632 à 2644). La différence notable entre ce dessin préparatoire et le grand tableau d'Arras tient dans la disparition de la femme tenant un enfant, à droite, remplacée dans le tableau par ce solide pêcheur qui tire un filet. Le principe d'une composition qui s'organise autour d'un groupe de personnages, « calé » par les deux grandes verticales de l'arbre et du mât, demeure jusqu'à la réalisation finale. Agréé à l'Académie en 1663, Corneille ne sera définitivement reçu qu'en 1673 en présentant le tableau actuellement conservé à Rennes (n° 26c). Pour Antoine Schnapper, qui évoque l'affaire dans son *Jouvenet* (1974, p. 38), il s'agit d'une *esquisse* pour le May de 1672. On mesure alors l'audace de Corneille de présenter une œuvre non inédite. Il est vrai qu'il bénéficiait de la protection du tout puissant Le Brun. A défaut d'une esquisse, dont cette œuvre ne présente guère les caractéristiques, il convient peut-être de voir une répétition réduite avec variantes. Le cas n'est pas unique, on connaît des réductions, sans variante, pour les Mays de Notre-Dame de Galloche, Houasse, La Hyre, et Plattemontagne. Corneille alors en pleine réalisation de son grand tableau se serait seulement contenté de présenter à l'Académie une petite réplique, d'ailleurs simplifiée dans sa composition et amputée de trois personnages.

26a. *Vocation de saint Pierre et saint André*
Encre et plume, sanguine. Mis au carreau à la pierre noire. H. 0,294 ; L. 0,228.
Bibl. : Inédit.

Lorient, Collection madame de Vitton.

[26b]. *Vocation de saint Pierre et saint André*
Huile sur toile. H. 4,50 ; L. 3,50. Signé *M. de Corneille*, en bas. May de 1672.
Hist. : Dépôt du Louvre, 7 juillet 1938.
Inv. : MI 309.
Bibl. : Auzas, 1961, p. 187, fig. 1.

Arras, Musée des Beaux-Arts.

26c. *Vocation de saint Pierre et saint André*
Huile sur toile. H. 0,74 ; L. 0,60.
Hist. : Offert par l'artiste comme morceau de réception à l'Académie en février 1663. Premier envoi de l'État en 1801 (n° 24).
Inv. : 801.1.24.
Bibl. : Dezallier d'Argenville, 1745, t. IV, p. 199. - Cat. 1859 : n° 170. - Cat. 1863 : n° 175. - Cat. 1871 : n° 205. - Cat. 1876 : n° 225. - Cat. 1884 : n° 233. - Michel, 1922, t. VI, 2e partie, p. 607. - Auzas, 1961, pp. 195-196, repr. fig. 4. - Vergnet-Ruiz, Laclotte, 1962, p. 230. - Schnapper, 1974, p. 38, repr. pl. 225. - Bergot, Ramade, 1979, n° 12. - Wright, 1985, p. 168.

Rennes, Musée des Beaux-Arts.

26 b

26 a

26 c

27
Le Triomphe de la Mort

La vitalité de la gravure flamande et hollandaise, l'étendue de sa diffusion permettaient aux artistes éloignés des grands centres de création de se tenir informés de l'évolution des styles et des modes de composition. Pour les peintres en mal d'imagination, peu soucieux de créer des œuvres originales, la gravure constituait, en outre, un modèle ou un support appréciable.

Les deux peintures présentées ici s'inspirent, à des degrés différents, de la gravure de Philip Galle d'après une série composée par M. van Heemskerck sur les *Triomphes* de Pétrarque. L'œuvre littéraire du poète toscan devait d'ailleurs inspirer également, et à plusieurs reprises, les graveurs. On peut citer en effet un *Triomphe de la Mort*, par l'anversois Joos van Cleve en 1568, tandis qu'une autre version du même thème, largement inspirée de la gravure de Galle, est gravée à la même époque par l'allemand Georg Pencz.

Le tableau du Musée d'Histoire de la Médecine (n° 27b) s'inspire directement de la gravure de Galle. La *Mort*, figure décharnée armée d'une faux et conduisant un attelage de bœufs entraîne misère et désolation sur son passage. Personne n'est épargné, tous succombent : les puissants comme les miséreux, les princes de l'Église comme les rois ; l'attribution traditionnelle de ce tableau à Antoine Caron ne peut être retenue, elle ne l'a d'ailleurs pas été pour Jean Erhmann dans sa monographie sur l'artiste (1955, rééd. 1986).

Jean-Bernard Chalette, reprenant ce poncif en 1676 l'enrichit en l'adaptant à l'iconographie particulière de son sujet. Mieux connu depuis les études de François Bergot (1979 et 1980), on sait que le peintre est actif à Rennes entre 1663 et 1678. Dans ce tableau allégorique, Chalette illustre sur un mode satirique les révoltes de 1675 consécutives à l'institution d'un impôt nouveau que constituait l'obligation du papier timbré. Sous le regard impuissant des figures de la *Paix* et de la *Justice,* on retrouve le char de la gravure de Galle, conduit non plus par la *Mort*, mais par un collecteur d'impôts, dont les sacs pleins du produit de l'imposition se trouvent à ses pieds. La mort, l'incendie, la misère sont les fruits de sa néfaste activité. Le cartouche de la partie inférieure : « les riches et les pauvres sont injustement accablés » explicite bien le contenu de l'iconographie. Comme la *Mort* de la composition gravée, l'impôt est autant injuste qu'universel.

Philip Galle
(Haarlem, 1537 - Anvers, 1612)
27a. Triomphe de la Mort

Gravure au burin d'après Maerten van Heemskerck. H. 0,19 ; L. 0,26. Illustration pour les *Triomphes* de Pétrarque : *I Trionfi* recueillis et publiés dans le *Canzoniere* (1470).
Hist. : Achat en 1974.
Inv. : 74.24.3.
Bibl. : Hollstein, t. VIII, n° 341-346.

Rennes, Musée des Beaux-Arts.

École française, XVIe siècle
27b. Triomphe de la Mort

Huile sur toile. H. 0,90 ; L. 1,30.
Hist. : Achat de la Faculté de Médecine en 1937.
Bibl. : Inédit.

Paris, Musée d'Histoire de la Médecine.

Jean-Bernard Chalette
(Toulouse, 1631 - ?)
27c. Allégorie de la Révolte du papier timbré

Huile sur toile. H. 1,05 ; L. 1,50. S.D.b.d. : *J Chalette in et fecit, 1676.*
En bas à gauche : RECTA Judicâte Filii Hôminum. Dans la cartouche : *LES RICHES ET LES PAUVRES SONT INJUSTEMENT ACABLÉS.*
Hist. : Peint pour Jean de la Momergue (1645-1691). Au XIXe siècle, collection du Dr. Jules Aussant, Rennes. Don au Musée de Rennes en 1860.
Inv. : 860.1.1.
Bibl. : Cat. 1876 : 1148. - Borderie, 1884, pp. 219-221. - Cat. 1909 : 3462. - Cat. 1932 : 6206. - Bergot, 1964, repr. - Le Gallo, 1969, pp. 313-314, fig. 244. - Cat. 1979, n° 7, repr. - Mussat, 1979, p. 40-41. - Bergot, 1970, n° 2, p. 73.

Rennes, Musée des Beaux-Arts.

FERREA, CRVDA, RAPAX, ET INELVCTABILIS, VNEA PONTIFICES, REGVM SCEPTRA, ET SINE NOMINE VVLGVS FALCE METO, ET VICTRIX QVÆCVNQVE MIHI OBVIA STERNO. DISSIPO, PROCVLCO TAVRIS INVICTA PROTERVIS.

27 a

27 b

27 c

Noël COYPEL et Jean AUDRAN

28
Portrait de Noël Coypel

Jusqu'au XIXe siècle, la gravure est considérée autant comme un art de reproduction que comme un art original et créateur à part entière. C'est pourquoi, afin d'être reçu à l'Académie royale de peinture et de sculpture, il était demandé au graveur de transposer une œuvre déjà existante dans les catégories suivantes : les sujets d'histoire mais surtout les portraits des grands fonctionnaires de l'Académie ainsi que ceux de ses peintres et sculpteurs. Le portrait était alors le genre jugé le plus difficile pour un graveur. Les travaux récents de W. McAllister Johnson ont souligné l'évolution et les caractères de ce genre particulier (exp. Kingston, 1982).

Pour satisfaire à cette épreuve, indispensable à tout graveur qui désirait se pourvoir des meilleurs atouts et effectuer une carrière, Jean Audran reçut comme sujet, en 1704, le portrait de Noël Coypel, alors directeur de l'Académie, charge qu'il occupera jusqu'à sa mort en 1707. Le fait de graver l'un de ses contemporains est à souligner car il est rare. Dans le dessin qui sert de support au graveur, le peintre, âgé, s'est représenté avec sincérité et sans complaisance. Audran a cru bon de rajeunir son modèle en annoblissant ce buste de ce mouvement de main, ce qui apporte en même temps une difficulté supplémentaire à l'épreuve. Deux états de la gravure sont conservés à la Bibliothèque Nationale (n° 28b et 28c) qui témoignent de l'évolution du travail du graveur et de sa méthode. Dans le premier état, avant la lettre, le mouvement du drapé, conforme au dessin, déborde de son cadre ovale ; dans l'état suivant et définitif, cette draperie se trouve modifiée. Le travail s'est donc effectué en trois temps : gravure du cadre, intégration du portrait, avec modification en cours, puis gravure de la lettre. L'équilibre des gris est parfait, le jeu des lignes du décor met en valeur le personnage sans accaparer indûment le regard du spectateur.

Donné en 1704, le sujet gravé était achevé quatre années plus tard, c'est le 30 juin 1708 que Audran présenta les cent épreuves règlementaires de la planche, et la planche elle-même. Entre temps, Noël Coypel était mort et la gravure allait jouer alors pleinement son véritable rôle : contribuer à la notoriété du personnage gravé en pérennisant ses traits.

Noël Coypel
(Paris, 1628 - Paris, 1707).
28a. Autoportrait

Pierre noire et rehauts de blanc sur papier bleu. H. 0,34 ; L. 0,26. Collé en plein sur un montage avec filets à la plume et encadrement de papier bleu (manquant à la partie inférieure). Annoté à l'encre brune en bas, au centre : *portrait de Mr. Coypel le père par luy même* et à droite *177*.
Hist. : Collection du président Robien. Saisi à la Révolution. Entré au Musée en 1794.
Inv. : 794.1.2585.
Bibl. : Cat. 1859 : C. 150, p. 114 (Noël Coypel). - Cat. 1863 : C. 149-1 (id.). - Cat. 1871 : id. - Cat. 1876 : id. - Cat. 1884 : id.
Exp. : Paris, Rennes, 1972, n° 85. - Rennes, 1980, n° 1. - Cité dans cat. Kingston, 1982, n° 28, repr.
Rennes, Musée des Beaux-Arts.

28 b

28 c

Jean Audran
(Lyon, 1667 - Paris, 1756).
28b. Portrait de Noël Coypel

Eau-forte et burin d'après Noël Coypel. H. 0,360 : L. 0,260. Premier état sur deux.
Bibl. : Roux, p. 259, n° 27.
Exp. : Kingston, 1982, n° 28, repr.

Paris, Bibliothèque Nationale.

Jean Audran
28c. Portrait de Noël Coypel

Eau-forte et burin d'après Noël Coypel. H. 0,360 ; L. 0,260. 2e état sur deux. En bas, au centre : *Noël Coypel / peintre ordinaire du Roy, ancien Directeur des Académies / de Paris et de Rome / mort le 24 Décembre 1707, âgé de 79 ans.* En bas à droite : *gravé d'après le dessein de Noël Coypel / par Jean Audran pour sa réception à l'Académie en 1708.*
Bibl. : Roux, p. 259, n° 27.
Exp. : Kingston, 1982, n° 28, repr.

Paris, Bibliothèque Nationale.

portrait de m. Coypel a pere
par leoy même

177

28 a

VERONESE et NATOIRE

29
Persée délivrant Andromède

L'œuvre de Natoire présentée ici pour la première fois près de son modèle, permet d'aborder la question importante, mais mal connue, de la copie d'après les maîtres. Exercice traditionnel et base de l'apprentissage du peintre, la copie constituait une épreuve qui permettait de mesurer de façon objective les progrès et l'aptitude de l'élève.

Quoique de format et de dimensions différents, le tableau de Natoire est en fait une copie fidèle (y compris dans les couleurs) du tableau de Véronèse, qui appartenait à l'époque de Natoire aux collections royales. Le tableau du peintre français s'inscrit dans la suite de l'*Histoire des dieux,* neuf tableaux exécutés entre 1731 et 1735. Cette suite fait partie elle-même des vingt-cinq toiles commandées à Natoire par Philippe Orry pour la décoration de son château de La Chapelle-Godefroy près de Nogent-sur-Seine. Jean-Pierre Sainte-Marie qui étudie cet ensemble dans le catalogue de l'exposition Natoire (1977) y intègre le tableau de *Persée et Andromède* avec prudence. Il est aujourd'hui en mesure de retenir une exécution par Natoire compte tenu d'une restauration récente de l'œuvre qui a révélé sa qualité. Pour cet auteur, la copie de Natoire serait le premier tableau exécuté pour l'*Histoire des dieux ;* alors que les autres œuvres sont originales et de l'invention du peintre. Pour rendre manifeste son talent on aurait ainsi demandé à Natoire de faire preuve de son art en exécutant une copie. Nous souscrivons à cette idée séduisante qui nous montre bien toute l'importance d'un genre et d'une activité dont l'étude reste à faire.

Charles-Joseph Natoire
(Nîmes, 1700 - Castel Gandolfo, 1777)
29b. Persée délivrant Andromède

Huile sur toile, diamètre 1,14.
Hist. : Commande par Philippe Orry (mort en 1747) pour le château de la Chapelle Godefroy. Saisie à la Révolution en 1793.
Inv. : 835.9.
Bibl. : Boyer, 1945, p. 68. - Boyer, 1949, Cat. 42. - Sainte-Marie, 1965. - Cat. exp. Natoire, 1977, p. 54-55. - Ramade, 1980, p. 10, fig. 5.

Troyes, Musée des Beaux-Arts.

Véronèse (Paolo Caliari dit)
(Vérone, 1528 - Venise, 1588)
29a. Persée délivrant Andromède

Huile sur toile. H. 2,60 : L. 2,11.
Hist. : Collection du Surintendant Nicolas Fouquet. Collection de Louis XIV. En 1665, aux Gobelins (selon Chantelou). En 1683, à Versailles, Salon de Diane (inv. Le Brun, nº 186). En 1695, antichambre de l'appartement de la Reine (Inv. Bailly). Vers 1700, château de Meudon. En 1760, à la Surintendance (6ᵉ pièce). Envoi de l'État au Musée de Rennes, 1801.
Inv. : 801.1.1.
Bibl. : Lépicié, t. II, 1754, pp. 122-123, nº XXV (Andromède attachée au rocher). - Clément de Ris, 1859, p. 364. - Chantelou, 1885, p. 220. - Caliari, 1888, p. 389. - Berenson, 1984, p. 300. - Taine, 1897, p. 53. - Gonse, 1900, p. 275, repr. - Saunier, 1922, p. 83. - Ingersoll-Smouse, 1928, p. 45 (œuvre d'école, probablement de Montemezzano). - Venturi, IX, 4, 1929, p. 949. - Berenson, 1932, p. 424. (partiellement autographe). - Rouchès, 1950, p. 24. - Vertova, 1952 (œuvre tardive, exécutée par les élèves). - Hulftegger, 1955, p. 132. - Berenson, 1958, (totalement autographe). - Gould, 1963, p. 114, repr. fig. 23. - Marini, 1968, p. 129, nº 282, repr. (exécuté par Montemezzano d'après une idée de Véronèse). - Crosato Larcher, 1958, 223 (Carletto Caliari). - Crosato Larcher, 1972, 79 (autographe). - Constans, 1976, p. 165, nº 18, repr. - Pignatti, 1976, nº A 262, repr. fig. 942 (Carletto Caliari, sur le dessin de son père). - Cocke, 1977, p. 786 (atelier de Véronèse). - Ramade, 1980.
Exp. : Rennes, 1978, nº 123, pl. LI.

Rennes, Musée des Beaux-Arts.

29 b

29 a

Chapitre *4*   Le grand décor

Nous avons regroupé dans cette section des œuvres destinées à décorer un lieu bien précis en fonction duquel leurs dimensions et leur iconographie ont été spécialement choisies et adaptées. Ce type d'œuvres qui exclut les tableaux de chevalet, par définition mobiles, concerne à la fois les peintures à la fresque, ou sur toile, les projets de tapisserie, de vitrail.

Pour ce genre de création, liée à un décor, et souvent à un programme, l'esquisse et le dessin préparatoire jouent un rôle qui s'avère vite indispensable ; pour le peintre lui-même, bien sûr, qui peut ainsi préciser son travail mais surtout pour le commanditaire de l'œuvre qui peut mieux apprécier l'œuvre en projet. Pour ce dernier cas l'esquisse achevée exécutée par le peintre lui-même (*modello*) va prendre un développement tout particulier. L'une des plus anciennes séries d'esquisses connues, reliées à un décor, sont en effet les quatre projet du *Paradis,* grande décoration du Palais des Doges de Venise, avec les esquisses de Véronèse (Musée de Lille), Bassano (Ermitage), Tintoret (Louvre) et Palma le Jeune (Milan, Ambrosienne). Ces projets esquissés à l'huile sont généralement des œuvres brillantes dans lesquelles le peintre cherche à rendre tout l'*effet* que produira son décor réalisé. Lorsque ce dernier a disparu, le *modello* prend naturellement une valeur de témoignage particulièrement précieuse, c'est le cas de l'œuvre de Giacomo Del Po (nº 38). Enfin, la différence n'est pas toujours facile entre *esquisse achevée* et *répétition originale,* exécutée une fois le décor en place. Cet aspect se trouve discuté à propos des œuvres de Jouvenet (nº 37) dont on expose un cas intéressant d'*esquisse* et de *répétition.*

Le large éventail des exemples proposés montrent la grande évolution de cette spécialité, ainsi les œuvres de Lemordant (nº 40) et de Le Moal (nº 41) illustrent bien la façon dont les artistes ont pu se libérer du sujet et du programme iconographique jusqu'alors si important et qui demeure une des constantes sinon une des contraintes du genre. Il appartenait alors à ces artistes affranchis d'appréhender formes et couleurs avec une totale liberté.

Barend van ORLEY

Bruxelles, v. 1488 - Bruxelles 1541.

30
Tenture de la Maison de Nassau

Peintre et décorateur, van Orley a introduit dans les Flandres les conceptions de la Renaissance italienne sans se départir pour autant des qualités expressives nordiques. C'est dans ses entreprises décoratives, tapisseries et vitraux, qu'il se révèle le plus remarquable ; les *Chasses de Maximilien* demeurent en effet l'une des tentures les plus remarquables du XVIe siècle (Musée du Louvre).

Le dessin de Rennes est un projet pour la suite de seize tapisseries commandées par le comte Henri III de Nassau et son épouse Mencia de Mendoza et destinées au nouveau château construit à Breda. Le comte Henri mourut en 1638, c'est sans doute pour cette raison que huit des seize cartons furent seulement tissés. Le programme de cette tenture consistait à représenter la généalogie de la maison de Nassau. On suit les tapisseries jusqu'au XVIIIe siècle, elles sont accrochées au château des Nassau à Dillenbey jusqu'à leur destruction par le feu en 1760 (Fock). Une série complète se trouvait à Breda en 1793 mais disparait à la fin du siècle.

Cinq projets dessinés sont actuellement conservés, quatre à Münich (no 30a à d) et un à Rennes (no 30e). Rehaussés de lavis de couleurs et d'aquarelle, ils suivent les toutes premières esquisses et précèdent la réalisation des cartons. Il s'agit de documents de travail où certaines silhouettes apparaissent découpées et où certains blasons ont été appliqués par collage. L'unité de la composition apparaît clairement, et identique, dans chaque projet ; elle consiste à affronter le cavalier et son épouse, elle aussi à cheval, sur un fond de paysage. Le projet représentant Jean V (no 30d) est le plus complet, il comporte une partie de la bordure d'inspiration italienne. Le caractère décoratif et évocateur de chacun de ces projets laisse supposer tout l'aspect monumental de cette suite incomparable.

[30a]. *Le Roi Adolf de Nassau et son épouse à cheval*

Plume, encre brune, lavis de différentes couleurs. H. 0,34 ; L. 0,55.
Inv. : 17.
Bibl. : Fock, 1969, repr.

Münich, Staatliche Graphische Sammlung.

[30b]. *Le Comte Otto de Nassau et son épouse à cheval*

Plume et encre brune, lavis de différentes couleurs. H. 0,39 ; L. 0,49.
Inv. : 18.
Bibl. : Fock, 1969, repr.

Münich, Staatliche Graphische Sammlung.

[30c]. *Le Comte Henri de Nassau et son épouse à cheval*

Plume et encre brune, lavis de différentes couleurs. H. 0,36 ; L. 0,49.
Inv. : 19.
Bibl. : Fock, 1969, repr.

Münich, Staatliche Graphische Sammlung.

[30d]. *Jean V et son épouse*

Plume en brun, aquarellée. H. 0,39 ; L. 0,53.
Inv. : 20.
Bibl. : Fock, 1969, repr.

Münich, Staatliche Graphische Sammlung.

30 a

30 b

30 c

30 d

30 e

30e. Engelbert I de Nassau et son épouse Jeanne de Polanen

Plume et lavis de couleur. H. 0,360 ; L. 0,492. Collé en plein sur un montage avec filets à la plume ; feuille complétée à la partie supérieure : armoiries aux deux angles, cartouche avec légende au centre. Inscription à l'encre : sur le dessin au-dessus du paysage à gauche : *il fault changier les armes au tapit 6. est fait ;* sous les armoiries, à gauche : illisible ; dans le cartouche : « *Engelbertus comes de Nassou uxorem habens filiam domini de der Leck et de Breda. Johannem genvit et Henricum. Hie uxores habit duas, primam comitissam de Vernemberg, secundam filiam domini de Sleyden, quacum dominium de Sleyden acceperat ; verum ea mortua sine obole cessit dominium alüs* ». Annoté à l'encre brune en bas, à droite : *23* et *4.*

Hist. : Collection du président de Robien. Saisi à la Révolution. Entré au Musée en 1794.

Bibl. : Cat. 1859 : C. 143, p. 110 (école Flamande, XVIᵉ siècle). - Cat. 1863 : C. 119-1 (Hans Burgmaïs, École Flamande, XVIᵉ siècle). - Cat. 1871 : id. - Cat. 1876 : id. (Jean Burgmayer, École Allemande, XVIᵉ siècle). - Cat. 1884 : id. - Roest Van Limburg, 1904, p. 18. - Drossaers, 1930, pp. 263-268, repr. pl XV-XX. - Crick-Kuntziger, 1943, pp. 86-88 ; - Cellarius, 1961, pp. 58-80. - Fock, 1969, repr. - Levallet-Haug, 1975, repr. p. 39. - Ramade, 1978, nº 21. - Cité dans cat. exp. Washington 1986-87, nº 91.

Exp. : Breda, 1952, nº 168. - Delft, 1960, nº 1. - Paris, 1965-66, nº 210, repr. - Paris, Rennes, 1972, nº 34, repr. pl. XIII. - Brou, 1981, nº 7.

Rennes, Musée des Beaux-Arts.

CORREGE (Antonio Allegri dit)

Correggio, près de Parme, 1489 ? - Correggio, 1534.

31
Saint Marc

Entre 1520 et 1524 Corrège réalise à l'église San Giovanni Evangelista, à Parme, l'essentiel d'un décor
important : coupole, abside de chœur, frise de la nef et
une chapelle, qui constituent la part majeure de son
œuvre avant les fresques du Dôme (1526-1529). Cette
étude pour un *Saint Marc* fut attribuée à Corrège, et
publiée comme telle, par John Gere qui rattache ce
magistral croquis à la décoration de San Giovanni
Evangelista. La proposition convaincante de John Gere
est en effet beaucoup plus satisfaisante que l'ancienne
attribution, aux frères Zuccaro, qui reposait sur une
inscription ancienne. L'auteur de cette découverte rapproche notre dessin de plusieurs études connues : celle
du Louvre, un pendentif de San Giovanni Evangelista
figurant *Saint Marc et saint Grégoire* (inv. 5968) (fig. 1)
et un croquis de Francfort (recto/verso) pour un pro-
phète de la frise de la nef (fig. 2, 3). En rapprochant cette
figure de Marc du *Saint Jean Évangéliste* de la lunette,
au-dessus de la porte du cloître de la même église, on
trouve une composition analogue mais avec un effet *da
sotto* très différent (fig. 4). Par contre, la pose et la
perspective sont proches des prophètes de la frise de la
nef. Avec John Gere, nous pouvons voir dans cette
étude, déjà mise au carreau, un projet non retenu pour
cette frise à un moment où il était prévu d'y représenter
les évangélistes.

Saint-Marc

Plume, pierre noire, rehauts de blanc. Mis au carreau. H. 0,122 ; L.
0,183. Collé en plein sur un montage avec filets à la plume, encadrement de papier vert, annoté à l'encre, en bas, à droite : *Zuccaro* et sur la
bordure, en bas, à gauche : 138.

Hist. : Ancienne collection du président de Robien. Saisi à la Révolution, entré au Musée en 1794.

Inv. : 794.1.2892.

Bibl. : Cat. 1859, c. 16 p. 84 (Zuccaro). - Cat. 1863, c. 18. - (Federico
Zuccaro). - Cat. 1871 : (id.). - Cat 1876 : (id.). - Cat. 1884 : (id.).
-Gere, 1977.

Exp. : Rennes, 1978, n° 3, repr.

Rennes, Musée des Beaux-Arts.

Fig. 1.

Fig. 2.

Fig. 4.

Fig. 3.

31 a

École de Fontainebleau

32
L'histoire de Diane

Les quatre dessins de l'*Histoire de Diane*, ici regroupés pour la première fois, permettent de revenir sur le complexe problème de la genèse des cartons de cette tenture tissée très vraisemblablement pour Diane de Poitiers, vers 1550, et dont on conserve sept pièces (Château d'Anet ; Rouen, Musée Dép. des Antiquités ; New York, Metr. Mus. of Art ; et un fragment dans une coll. privée, New York). L'existence de plusieurs dessins, de qualité et d'exécution différentes, ne permet pas de connaître avec certitude l'auteur de cette suite. Les historiens ont longtemps hésité entre Penni (L. Golson, S. Béguin), Cousin le père (Goldsmith-Phillips, E. Standen) ou même un artiste français encore influencé par Rosso (J. Shearman). La disparité des documents, les répliques nombreuses dont les dessins originaux ont été l'objet (y compris la série de gravures de Delaune) entraînent à penser que l'invention des motifs pouvait être le fait de plusieurs artistes. S. Béguin qui a largement exposé le problème en 1972 (cat. exp. *École de Fontainebleau*, Paris) ne retient plus aujourd'hui l'attribution à Penni, considérant les feuilles de Rennes parmi les plus belles de la série.

Ces deux dessins vraisemblablement de la même main présentent cette même technique au lavis gris finement rehaussé de gouache blanche, conférant une harmonie froide et précieuse. L'exécution du paysage (mieux traitée dans la *Chasse de Diane*, n° 32a) hiérarchisé en plusieurs plans, où se développent des scènes annexes gravitant autour du sujet principal, est conforme au principe d'une technique de composition, présente dans l'art de la tapisserie jusqu'au XVIIᵉ siècle. Les trois dessins du Louvre (8741, 8742, ici n° 32c, 32d ; et 8743) sont exécutés dans la même technique que ceux de Rennes, mais avec moins de finesse dans le traitement des rehauts blancs (très oxydés par endroits), ce qui donne à ces feuilles un aspect plus volontiers graphique. La troisième feuille de la série du Louvre, de format légèrement différent et de qualité nettement inférieure, est exécutée d'un dessin moins nerveux et moins expressif, mais sur un papier présentant les mêmes vergeures que les deux autres.

Parmi les nombreuses répliques et traductions de ces modèles, Sylvie Béguin nous signale deux œuvres inédites : un dessin d'une collection privée parisienne, dérivé de la *Mort d'Orion* (fig. 1) (0,256 × 0,375, plume et encre brune, lavis, rehauts de blanc sur papier gris bleu) et de qualité plus faible, notamment dans le traitement du paysage. Par ailleurs, la Galerie Borghèse conserve une petite peinture sur ardoise, (0,08 × 0,11), identifiée comme *Jugement de Paris*, et répertoriée comme œuvre de Pietro Locatelli dans le catalogue de la galerie de 1959 (n° 141) (fig. 2). Cette petite œuvre fait partie d'une paire dont l'autre élément (cf. n° 140) représente une *Chasse de Diane* d'un style différent et sans rapport avec les scènes connues de la tenture de Diane. L'inventaire de la galerie mentionne en fait six petites peintures sur l'histoire de Diane.

Il convient également d'ajouter à cette recherche d'œuvres anciennes un dessin de l'École des Beaux-Arts (Paris), l'*Histoire de Méléagre,* dont le motif apparaît dans une des tapisseries d'Anet, et qui en constituerait une esquisse (cat. exp. *École de Fontainebleau,* Paris, n° 63).

L'attribution, généralement difficile, des cartons de tapisserie rencontre ici une difficulté supplémentaire du fait du caractère cosmopolite de l'art de l'école de Fontainebleau, devenant pour les générations suivantes un foyer riche de formes et d'idées.

Fig. 1.

Fig. 2.

32 a

32a. *La chasse de Diane*

Plume, lavis et rehauts de gouache sur papier bistre. H. 0,40 ; L. 0,56.
Des inscriptions à l'encre brune identifient quelques figures : Vénus,
Cupidon, Diane. - Annoté à l'encre brune, en bas, à droite : *238* ; au
verso : *Du Breuil.*

Hist. : Collection Crozat (?), lot n° 960 de la vente, 1741 (anciens
peintres français). Collection du président de Robien. Saisi à la
Révolution. Entré au Musée en 1794.

Inv. : 794.1.2514.

Bibl. : Cat. 1859 : C. 48, p. 85 (École Italienne). - Cat. 1863 : C. 50-1
(École de Fontainebleau, dans le goût de Rosso). - Cat. 1871 :
id. - Cat. 1876 : id. - Cat. 1884 : (id.). - Dimier, 1904, pp. 115-
116. - Lavallée, 1938, n° 6. - Lavallée, 1939, n° 2, repr. -
Lavallée, 1948, pp. 24-25. - Michel, 1949, p. 418, repr. fig. 210. -
Adhémar, 1954, n° 41, repr. - Golson, 1957, pp. 17-36. -
Bardon, 1963, p. 68, repr. pl. XV, a. - Laskin, 1966, p. 255.
-Shearman, 1966, p. 66. - Kauffmann, 1970, p. 227, repr.
fig. 144. - Ragghianti, 1972, p. 82. - Miles, 1973, p. 35. - Neilson,
1974, pp. 169-170.

Exp. : Bruxelles, Rotterdam, Paris, 1949-50, n° 15, repr. p. - Washington, Cleveland, Saint-Louis, Harvard, New York, 1952-53,
n° 18, repr. fig. 8. - Rome, 1959-60, n° 10, repr. pl. 7. - Paris,
1965-66, n° 216, repr. - Paris, Rennes, 1972, n° 14, repr. pl. IX.
- Paris, 1972-73, n° 139, repr. - Rome, 1972-73, n° 98. - Rennes,
1978, n° 35. - Québec, La Rochelle, 1984, n° 177.

Rennes, Musée des Beaux-Arts.

32 b

32b. Orion, Diane et Apollon

Plume, lavis et rehauts de gouache sur papier bistre. H. 0,39 ; L. 0,56.
Collé sur un montage modern ; annoté à l'encre brune en bas, à
gauche : *239* et au verso : *Du Breuil.*

Hist. : Collection Crozat (?), lot n° 960 de la vente, 1741 (anciens
   peintres français). Collection du président de Robien. Saisi à la
   Révolution. Entré au Musée en 1794.

Inv. : 794.1.2515.

Bibl. : Cat. 1859 : C. 47, p. 85 (École Italienne). - Cat. 1863 : C. 49-1
   (École de Fontainebleau, dans le goût de Rosso). - Cat. 1871 :
   id. - Cat. 1876 : id. - Cat. 1884 : id. - Dimier, 1904, pp. 115-116.
   - Lavallée, 1938, n° 5. - Golson, 1957, pp. 17-36, repr. fig. 10.
   - Béguin, 1960, p. 69. - Bardon, 1963, p. 68, repr. pl. XV, b.
   - Shearman, 1966, p. 67. - Ward Neilson, 1974, 2, p. 170.
   - Standen, 1975, p. 94, repr. fig. 12.

Exp. : Paris, Petit Palais, 1965-66, n° 217, repr. - Paris, Rennes, 1972,
   n° 15, non repr. - Rome, 1972-73, n° 98, repr. - Rennes, 1974,
   p. 44. - Rennes, 1978, n° 36.

Rennes, Musée des Beaux-Arts.

32c. La mort d'Orion

Plume, encre noire, lavis brun, rehauts de blanc à la gouache et pierre
noire sur papier beige. H. 0,397 ; L. 0,555.

Hist. : Saisie de bien d'Émigrés.

Inv. : 8741.

Bibl. : Golson, 1957, p. 31, fig. 9. - Standen, 1975, p. 94, repr. fig. 4.

Musée du Louvre. Département des Arts Graphiques.

32d. Diane pleurant Orion

Plume, encre noire, lavis brun, rehauts de gouache blanche sur papier
beige, lavé en brun. H. 0,399 ; L. 0,560. Collé en plein.

Hist. : Saisie de bien d'Émigrés.

Inv. : 8742.

Bibl. : Golson, 1957, p. 31. - Standen, 1975, p. 94, repr. fig. 5.

Musée du Louvre. Département des Arts Graphiques.

32 c

32 d

Pierre de CORTONE (Pietro Berrettini dit)
Cortone, 1596 - Rome 1669.

33
Sainte Bibiane refusant d'adorer les idoles

Ce dessin à la plume témoigne d'une des premières idées de Cortone pour sa fresque de la petite église de Santa Bibiana à Rome. L'essentiel de la composition apparaît là dans son principe et sa globalité, mais chaque détail, chaque élément, sera retravaillé et modifié, que ce soit l'attitude des personnages ou les constituants du décor. Cortone retiendra l'idée de deux groupes, de part et d'autre de l'autel ; l'un statique (à gauche), l'autre animé des manifestations violentes du refus de Bibiane. En réalisant sa fresque, c'est-à-dire en changeant de format et de technique, le peintre va simplifier l'attitude et l'expression de chacune des participantes : le groupe de gauche paraît plus compact et plus statique ; à droite les gestes des deux femmes gagnent en expressivité et lisibilité mais perdent cette harmonie dansante qui faisait le charme du dessin. La démarche de Cortone évolue donc vers un classicisme, il concentre tout l'intérêt dramatique dans l'opposition des deux figures du premier plan : le refus de Bibiane (caractérisé par ses mains énormes) et sa voisine qui désigne ostensiblement l'idole païenne.

Exécutées pour le pape Urbain VIII, ces fresques de Santa Bibiana représentent pour Cortone sa première commande officielle importante. Réalisé en 1624-1626, ce décor va marquer pour son auteur le début de sa célébrité, appelé à se consacrer à la peinture, au grand décor, mais aussi à l'architecture.

33a. Sainte Bibiane refusant d'adorer les idoles

Plume et lavis brun, pierre noire et rehauts de blanc. H. 0,20 ; L. 0,20. Collé en plein sur un montage avec filets à la plume et encadrement de papier bleu ; annoté à l'encre brune en bas, à gauche : *161*.
Hist. : Ancienne collection du président de Robien. Saisi à la Révolution. Entré au Musée en 1794.
Inv. : 794.1.2527.
Bibl. : Cat. 1859 : C. 14, p. 60 (Cirro Ferri). - Cat. 1863 : C. 16-4 (id.). - Cat. 1871 : id. - Cat. 1876 : id. - Cat. 1884 : id. - Briganti, 1962.
Exp. : Rochester, 1968, sans catalogue ; Paris, Rennes, 1972, n° 27, repr. XVI.
Rennes, Musée des Beaux-Arts.

[*33b*]. *Sainte Bibiane refusant d'adorer les idoles*
Fresque.

Rome, église Santa Bibiana.

33 b

33 a

Andrea SACCHI
Nettuno, près Rome, 1599 - Rome, 1661.

34
Naissance de saint Jean-Baptiste

Grand rival de Cortone (voir n° 33) avec qui il se partage les commandes importantes, Sacchi devient au début des années 1630 le chef de file des partisans d'un baroque pondéré, aux effets toujours monumentaux mais plus calmes et retenus. Entre 1639 et 1649, Sacchi travaille à Rome, à San Giovanni in Fonte, en fait le baptistère du Latran, qui comporte un décor à la fresque et une série de huit peintures à l'huile illustrant la vie de saint Jean-Baptiste. Les tableaux sont actuellement conservés au palais du Latran.

Les dessins préparatoires de la naissance de Jean-Baptiste ont été recensés par Ann Setherland Harris, dans sa monographie sur Sacchi (1977) à laquelle nous nous référons. Aucune étude d'ensemble n'a été retrouvée, les feuilles conservées à Düsseldorf, Copenhague et Rennes concernent toutes des projets et des essais pour des figures isolées. Nous avons ainsi connaissance des patientes recherches pour les visages des deux femmes du premier plan à droite (n° 34a), de la noble figure de Zacharie (n° 34b à d), de la femme vue de dos et renversée, à gauche au fond de la scène (n° 34e, f), enfin deux études de draperies, avec variantes, de la suivante agenouillée au premier plan.

34 h

34a. *Deux têtes de femmes*
Sanguine. H. 0,285 ; L. 0,407. Au revers : étude de Saturne. En bas à droite : *And. Sacchi.*
Hist. : Ancienne collection du président de Robien. Saisi à la Révolution. Entrée au musée en 1794.
Inv. : 794.1.3174.
Bibl. : Cat. 1859 : C. 128, p. 76 (Sacchi). - Cat. 1863 : C. 67-1 (id). - Cat. 1871 id. (id.). - Cat. 1876 id. (id.). - Cat. 1884 id. (id.). - Harris, 1977, p. 88, n° 56.

Rennes, Musée des Beaux-Arts.

[34b]. *Étude de draperie pour Zacharie*
Inv. : FP 13069.
Bibl. : Harris et Schaar, n° 72.

Düsseldorf, Kunstmuseum.

[34c]. *Étude de Zacharie*
Inv. : FP 13067.
Bibl. : Harris et Schaar, n° 73.

Düsseldorf, Kunstmuseum.

[34d]. *Étude pour la tête de Zacharie*
Pierre noire et sanguine. H. 0,225 ; L. 0,352.
Inv. : Tu 17.3.
Bibl. : Harris, p. 88, n° 56, repr. fig. 125.

Copenhague, Musée Royal des Beaux-Arts.

[34e]. *Étude de figure drapée*
Inv. : FP 14110.
Bibl. : Harris et Schaar, n° 74.

Düsseldorf, Kunstmuseum.

[34f]. *Étude de figure drapée*
Inv. : FP 14104.
Bibl. : Harris et Schaar, n° 75.

Düsseldorf, Kunstmuseum.

34 a

[34g]. *Études de draperie*
Inv. : FP 13792.
Bibl. : Harris et Schaar, n° 96.

Düsseldorf, Kunstmuseum.

[34h]. *Naissance de saint Jean-Baptiste*
Huile sur toile. H. 3,10 ; L. 2,50.
Bibl. : Harris, p. 20-22, 88 (n° 56), repr. fig. 118.

Rome, Palais Saint-Jean-de-Latran.

34 d

34 e

34 c

34 f

34 g

34 b

Simon VOUET
Paris, 1590 - Paris, 1649.

35
La délivrance de saint Pierre

Cette feuille brillante et libre, exprime l'idée de Simon Vouet pour une peinture destinée au chancelier Pierre Séguier et vraisemblablement pour son oratoire privé, comme le conclut Barbara Brejon (1987) qui date le dessin de 1637-1638, et qui signale un dessin d'ensemble, de format identique, passé dans une vente à Gand en 1840. Il s'agit ici d'une composition théâtrale qui utilise toutes les ressources des effets lumineux et de la perspective, avec une vue *da sotto in su* qui donne un aspect, tellement irréel à cette sortie de saint Pierre guidé par l'ange, trompant ainsi les deux soldats endormis. Le Musée du Louvre conserve un dessin du soldat de droite, avec quelques petites variantes (n° 35b, en album ce qui a interdit son prêt). La toile définitive, perdue, ne nous est plus connue que par la gravure de Dorigny, l'élève et le collaborateur de Vouet qui a su rendre pleinement compte de la valeur luministe de l'œuvre (n° 35c).

Ces œuvres ici regroupées sont exemplaires du destin de la plupart des décors de Simon Vouet, mutilés ou détruits. Ces réalisations qui ont tant contribué au renouveau de l'école française dans les années 1630-1640, ne nous sont plus connues que par des dessins préparatoires ou des gravures, œuvres certes fragiles mais mieux armées pour supporter les modifications du goût et les actes de vandalisme.

35 b

35a. *La délivrance de saint Pierre*

Sanguine et lavis, H. 0,206 ; L. 0,195 (mis au carreau). Collé en plein sur un montage avec encadrement de papier bleu : annoté à l'encre brune sur l'encadrement, en bas, à gauche : *Restout*, à droite *223*.
Hist. : Ancienne collection du président de Robien. Saisi à la Révolution. Entré au Musée en 1794.
Inv. : 794.1.2579.
Bibl. : Cat. 1859 : C. 96, p. 121 (Jean Restout). - Cat. 1863 : C. 134-1 (École de Vouet). - Cat. 1871 : id. - Cat. 1876 : id. - Cat. 1884 : id. - Lavallee 1948, p. 39. - Crelly, 1962, repr. fig. 143. - Brejon, 1987, p. 106-107, à LXIV, repr.
Exp. : Londres, 1952, n° 158. - Londres, 1958, n° 356. - Paris, Petit Palais, 1958, n° 257. - Paris, Rennes, 1972, n° 79, repr. XLII. - Rennes, 1980, n° 13, repr. - Paris, 1984, n° 229, repr. 190. - Rennes, 1984, II, repr.
Rennes, Musée des Beaux-Arts.

[35b]. *Soldat endormi*

Pierre noire, rehauts de craie blanche.
Hist. : Earl of Cholmondeley. J.A. Josephus Jitta, don en 1935.
Inv. : 28123 (Album I) fol. 6.
Bibl. : Crelly, 1962, p. 113, repr., fig. 144. - Brejon, 1987, p. 107, n° 85, repr.
Paris, Musée du Louvre.

Michel Dorigny
St-Quentin, 1617 - Paris, 1665.
35c. *La délivrance de saint Pierre*

Gravure à l'eau-forte et burin. H. 0,30 ; L. 0,19. En bas : *Simon Vouet pinxit in Oratoiro D.D. Pietri Sequiery Franciae cancellarÿ*. En bas, à droite, *M. Dorigny Sculps. Parisiys 1638*.
Bibl. : Weigert, 1954, t. III, n° 57, p. 481.

Paris, Bibliothèque Nationale.

35 c

35 a

Charles de LA FOSSE
Paris, 1636 - Paris, 1716.

36
Épisodes de la vie du Christ

Ces deux projets de décor sont caractéristiques des dessins des peintres de la génération de La Fosse. On y trouve en effet en commun l'usage sensuel des trois crayons et cet intérêt renouvelé pour les grandes compositions décoratives italiennes et particulièrement vénitiennes. Le format chantourné, les sujets, la technique, l'échelle du quadrillage semblent en effet confirmer l'opinion de mademoiselle Stuffmann (rapportée dans cat. exp. 1968) qui rapproche ces deux feuilles et y voit des études pour la décoration de la chapelle de la résidence de Crozat à Montmorency. Mademoiselle Stuffmann cite en effet, dans son article fondamental sur Charles de La Fosse (Gazette des Beaux-Arts, juill. août 1964, p. 32), un passage d'un manuscrit, publié par L. Dussieux, où il est précisé que La Fosse « peignit dans la chapelle ovale au-dessus du vestibule des scènes de la vie de Jésus, qui sont ses dernières œuvres avec les peintures destinées à Notre-Dame ».

Antoine Schnapper (cat. exp. 1968) rapproche le dessin de Rennes, du fait de sa forme, des tableaux des chapelles de l'église des Invalides (peints en 1703, 1704). Qu'elles soient destinées à l'un ou à l'autre de ces programmes, ces études sont de toutes façons des projets pour un décor, la forme du contour et l'aspect monumental des compositions en constituant une preuve suffisante.

36a. *Le Baptème du Christ*
Sanguine, pierre noire, rehauts de craie blanche. Mis au carreau à la sanguine. H. 0,30 ; L. 0,17 (forme chantournée). Collé en plein sur un montage bleu avec une bordure dorée ; annoté à l'encre brune en bas, à droite : *143*. Sans la bordure dorée, en bas, à gauche : *L.F.*.
Hist. : Ancienne collection du président de Robien. Saisi à la Révolution. Entré au Musée en 1794.
Inv. : 794.1.2586.
Bibl. : Cat. 1863 : C. 124-3 (de la Fosse). - Cat. 1871 : id. - Cat. 1876 : id. - Cat. 1884 : id. - Lavallée, 1938, n° 54.
Exp. : Lille, 1968, n° 138. - Paris, Rennes, 1972, n° 86, repr. pl. XLV.

Rennes, Musée des Beaux-Arts.

36b. *Les Noces de Cana*
Sanguine, pierre noire, rehauts de craie blanche. Mis au carreau à la sanguine. H. 0,37 ; L. 0,24.
Hist. : Peut-être collection Chardet, Le Havre, dispersée en 1877. Achat de la ville en 1886.
Inv. : 39.
Bibl. : Cat. exp. Lille, 1968, p. 73.

Le Havre, Musée des Beaux-Arts.

36 b

36 a

Jean JOUVENET
Rouen, 1644 - Paris, 1717.

37
Le Triomphe de la Justice

Collaborateur de Le Brun, notamment à Versailles, Jouvenet fut tôt rompu à la pratique des grands décors où brille la peinture d'histoire. Après avoir réalisé de grands tableaux pour des couvents et églises de Paris, et de province, Jouvenet apparaît comme le grand peintre religieux de la fin du siècle.

C'est alors qu'il reçoit la commande, en 1694, d'un ensemble de six toiles destinées au plafond de la Grand' Chambre du Parlement de Bretagne : autour du motif central, octogonal, figurant le Triomphe de la Justice, sont représentés dans des ovales l'*Étude,* la *Connaissance,* l'*Équité* et la *Piété* et un dernier panneau, rectangulaire avec des putti volants. L'ensemble est livré en 1695. Vingt ans plus tard, Jouvenet exécute un plafond rectangulaire (environ 7 × 5 m) sur le même thème pour la IIe Chambre des Enquêtes du Parlement de Rouen, détruit par l'écroulement du plafond en 1812. La réalisation de cette commande fut perturbée par la paralysie de la main droite dont fut victime l'artiste à la fin de l'année 1713. Toutefois, avant ce drame, Jouvenet a le temps d'exécuter au moins une esquisse.

L'élaboration du plafond de Rennes (*in situ,* n° 37c) est connue par un dessin d'ensemble, conforme à l'exécution (n° 37a). L'esquisse du Petit-Palais (n° 37b) serait le *modello* du motif central du plafond. Antoine Schnapper (cat. exp. 1966, n° 13, et 1974, p. 107) voit plutôt dans cette toile « une répétition originale, d'excellente qualité, peinte immédiatement après la composition de Rennes, dans un coloris un peu plus vif ». Il serait en effet curieux que pour une esquisse, le cadre octogonal si contraignant pour l'artiste, ne figurât pas de façon précise. On voit, au centre de cette composition le trône de la *Religion* et la *Justice,* à gauche l'*Autorité* et la *Vérité,* à droite (près de la Justice), la *Raison* et l'*Éloquence.* Dans la partie inférieure on observe *la Force* qui met en fuite les vices : *Impiété, Discorde, Tricherie* et *Ignorance,* tandis que les deux génies de la *Renommée* publient les décrets de la *Justice.* La peinture définitive (n° 37c) est encastrée dans un plafond à profondes moulures dorées et sculptées par François Gillet en 1670-79, dont le principe du compartimentage en vastes caissons était déjà, et depuis longtemps, passé de mode à Paris.

Le plafond de Rouen, quant à lui, ne nous est plus connu que par des descriptions anciennes et les esquisses de Rennes et Grenoble (n° 37e, 37f). La composition reprend le principe de décor réalisé pour Rennes, mais développé en hauteur. Disposant ainsi d'une plus grande surface, Jouvenet se livre aux virtuosités des grands effets illusionnistes.

Demeure le problème des deux versions de l'esquisse. Pour Antoine Schnapper (1974, p. 126) l'esquisse de Rennes, inférieure en qualité et moins complète, est antérieure à celle de Grenoble qui correspond exactement aux dimensions du plafond. Jouvenet aurait, en effet, très bien pu peindre l'esquisse rennaise au moment où il n'avait pas récupéré le handicap de sa paralysie, on sait qu'il s'était mis à peindre de la main gauche.

Malgré des lacunes importantes l'histoire de cette création nous est connue par trois types d'œuvres qui illustrent, chacune, un des moments de l'élaboration : un dessin d'ensemble, une étude de détail pour chaque personnage enfin un *modello* où le peintre ajuste l'ensemble de sa composition, fixe les couleurs et les effets lumineux. Nous savons, à propos du plafond du Parlement de Bretagne, que le 8 décembre 1694 Jouvenet envoyait aux parlementaires plusieurs dessins accompagnés d'une lettre expliquant l'iconographie. Il convient, avec Antoine Schnapper, de voir dans le dessin de Stockholm (n° 37a) l'une des feuilles envoyées par Jouvenet. Bien qu'il s'agisse d'une destination provinciale, le peintre mesurait néanmoins l'importance et le prestige de toute commande officielle.

[37a]. Le Triomphe de la Justice

Pierre noire, lavis d'encre de Chine et rehauts de gouache sur papier gris. H. 0,27 ; L. 0,39. Inscription sur le montage : *peind à Rennes en Bretagne. Jouvenet* (deux fois), *13 et 2651.*

Hist. : Collection Crozat (vente 1741, partie du n° 1058 : « ... dont le Dessin d'un plafond qu'il a peint à Rennes » et Tessin (inv. ms ; 1749, n° 192).

Inv. : 2764.

Bibl. : Schnapper, 1974, p. 227, n° 161, fig. 51. - Bjurström, 1976, n° 394, repr.

Stockholm, Nationalmuseum.

37b. *Le Triomphe de la Justice*

Huile sur toile. H. 0,99 ; L. 1,32.

Hist. : Très probablement l'esquisse signalée vers 1820 dans la collection Chapais à Rouen, qui proviendrait de la collection Restout. Collection Dutuit, léguée à la ville de Paris, 1902.

Inv. : DUT 873.

Bibl. : Schnapper, 1974, n° 57 bis, fig. 53.

Exp. : Rouen, 1966. - San Diego... 1967-68, n° 55.

Paris, Musée du Petit Palais.

[37c]. Le Triomphe de la Justice

Toile marouflée - Octogonale. H. 2,50 ; L. 3,95. Élément central du plafond de la Grand' Chambre.

Bibl. : Schnapper, 1974, n° 57, fig. 50. - Mussat, 1979, p. 41.

Rennes, Parlement de Bretagne.

37 a

37 c

37 b

37 d

37 e

37d. Figure féminine assise

Pierre noire et rehauts de craie sur papier gris. H. 0,310 ; L. 0,255.

Hist. : Étude du plafond de la 2ᵉ chambre des Enquêtes à Rouen. Exécuté de la main gauche par Jouvenet, la main droite étant paralytique. Vraisemblablement le « dessin de la Vierge » du plafond de la 2ᵉ chambre des Enquêtes de Rouen, nᵒ 383 de la vente Dezallier d'Argenville.

Inv. : 27.312.

Bibl. : Guiffrey, Marcel, 1907-1938, t. VI, nᵒ 5342, repr. - Huard, 1931, p. 114. - Valléry-Radot, 1953, pl. 130 et p. 206. - Schnapper, 1974, nᵒ 160, fig. 52.

Exp. : Rouen, 1966, dessin nᵒ 12.

Paris, Musée du Louvre, Département des Arts Graphiques.

37e. Le Triomphe de la Justice

Huile sur toile. H. 1,70 ; L. 1,34.

Hist. : Don des fils de Casimir Perrier, 1839.

Inv. : 167.

Bibl. : Cat. 1856 : nᵒ 163. - Leroy, 1860, pp. 251 - 255, p. 270. - Reymond, 1879, p. 191. - Beylié, 1909, repr. p. 80. - Cat. 1911 : nᵒ 53. - Thieme und Becker, XIX, 1926, p. 205. - Huard, 1931, passim. - Weisbach, 1932, p. 208, repr. p. 21. - Vergnet-Ruiz et Laclotte, 1962, p. 61 et p. 240. - Schnapper, 1974, nᵒ 139 ter, repr. nᵒ 158.

Exp. : Paris, 1935, nᵒ 102. - Londres, 1958, nᵒ 231. - Paris, 1958, nᵒ 51. - Rouen, 1966, nᵒ 41.

Grenoble, Musée de Peinture et de Sculpture.

37f. Le Triomphe de la Justice

Huile sur toile. H. 1,36 ; L. 1,09.

Hist. : Atelier de Jouvenet. - Passé au nᵒ 7 de la vente N. Hallé, 2 juillet 1781 (appendice D). - Collection Chapais puis Floquet à Rouen dans le premier tiers du XIXᵉ siècle. - Reste dans la famille Floquet jusqu'en 1889, date à laquelle l'esquisse est acquise par le Louvre auprès de M. Périquel. - Déposé sans doute par confusion avec le plafond du Parlement de cette ville, au musée de Rennes en janvier 1950.

Inv. : Louvre RF 720.

Bibl. : *Mémoires inédits...*, 1854, t. II, p. 32. - Lecarpentier, 1821, t. II, p. 138 (dans la collection Chapais). - Floquet, 1835, p. 217. - Leroy, 1860, p. 153 (château de Formentin, collection Floquet) et 270. - Cat. Brière, 1924, nᵒ 440 a. - Huard, 1931, pp. 113-114 (repr.). - Vergnet-Ruiz et Laclotte, 1962, p. 240. - Schnapper, 1966, nᵒ 41. - Schnapper, 1974, nᵒ 139 bis, repr. 157. - Brejon de Lavergnée, 1979, t. III, pp. 79-95. - Bergot, Ramade, 1979, t. III, nᵒ 23.

Exp. : Rennes, 1950, nᵒ 45. - Montréal, Québec, Ottawa, Toronto, 1961-62, nᵒ 26, repr., p. 96.

Rennes, Musée des Beaux-Arts.

Giacomo DEL PO
Rome, 1652 - Naples, 1725.

38
La Gloire chassant les Vices

Formé à Rome, Giacomo del Po travaille dans cette ville jusqu'en 1683. Il s'installe ensuite en Campanie puis à Naples où sa manière s'affermit au contact de l'art puissamment décoratif de Solimena. A l'instar de Giordano, à la fin de sa vie, del Po joue avec les effets illusionnistes ; il utilise la lumière, avec toutes ses ressources, pour accentuer le dynamisme de ses décors. Nombre de ses décorations ont été détruites, il reste heureusement ses esquisses peintes qui témoignent de son habileté de décorateur et de metteur en scène.

Cette esquisse (rendue à del Po par P. Rosenberg, comm. or.) est un *bozzeto* partiel pour la fresque peinte vers 1710, à Naples, au palais du duc de Maddaloni. La fresque est détruite mais elle est décrite par De Dominici (*Vite dei Pittori, Scultori e Architetti Napolitani*, Naples, 1742, t. III, p. 501 - cit. in cat. exp. 1979-1981) qui parle de la volonté du duc de décorer une salle ronde : « ainsi Giacomo en mêlant des figures colorées et des figures en grisaille, peignit le centre de la voûte avec la figure allégorique de la Gloire, dans un *tondo*, qui de sa splendeur chasse l'Envie, la Fraude, la Tromperie, la Fausseté et les autres vices, symbolisés par des putti. Sous la corniche il plaçat différents emblèmes et ornements... plus bas, il mit des statues figurées en grisaille et représentant les signes du Zodiaque. De nombreux putti sont peints entre ces figures de stuc simulées... Parmi toutes ces figures on voit un très beau décor de fruits et de fleurs, avec des vases, des guirlandes, des peaux d'animaux et d'autres éléments analogues qui réjouissait l'œil de celui qui les voit ». Comme le remarque N. Spinosa (in cat. exp. 1979 et 1981) ce décor très original était tout à fait inhabituel dans le Naples du début du XVIIIe siècle encore dominé par une « approche plus stricte de la forme et de son contenu ». Cette brillante orchestration de symboles, d'allégorie et d'éléments réels mis en scène par les ressources les plus variées de l'art du peintre annonce toute la sensualité du goût rococo.

Huile sur toile. H. 0,72 ; L. 0,99.
Hist. : Collection Mussard, Rennes, XIXe siècle. Achat de la ville en 1888 comme Luca Giordano.
Inv. : 888.40.1.
Exp. : Naples, 1979-80, n° 65 (vol. I), repr., p. 161. - Detroit, Chicago, 1981-82, n° 42, repr. - Rotterdam, Braunschweig, 1983-84, n° 37, repr.
Rennes, Musée des Beaux-Arts.

38

Édouard TOUDOUZE
Paris, 1848 - Paris, 1907.

39
L'Amphithéâtre de géographie de la Sorbonne

Né dans une famille d'artistes, Édouard Toudouze fut formé à l'enseignement de l'école des Beaux-Arts dont il obtint la consécration suprême en 1871 avec le grand prix de Rome (voir pour plus de détails n° 42). À son retour de Rome, il expose plusieurs tableaux à sujets historiques où se traduit un goût prononcé pour le pittoresque et le goût du costume. Mais c'est dans la réalisation de grands décors que Toudouze allait être le plus attiré. Déjà lors de son séjour italien il exécute une copie du grand plafond de Véronèse : *La Gloire de Venise*, au Palais ducal. Il obtient deux commandes pour l'étranger : La *Danse*, plafond circulaire de la salle de bal de Cornelius Vanderbilt à New York (repr. Bouyer, 1906, p. 135), une *Fête Louis XV* pour l'escalier du palais du Dr. Stoïcesco à Bucarest. Fort de ces deux réalisations, il obtient le décor du buffet du foyer de l'Opéra-Comique à Paris, dont le panneau principal représente *le jeu de Robin et de Marion*. Viennent ensuite ce décor de la Sorbonne puis la grande commande des cartons de tapisseries pour la Grand' Chambre du Parlement de Rennes, tissées par les Gobelins et toujours en place, sans doute son œuvre la plus aboutie (cartons au Musée des Beaux-Arts de Rennes, cf. *Répertoire, in fine*) qui illustre des épisodes du passé et des légendes bretonnes. Ainsi marqué par l'histoire et plus particulièrement le Moyen-Age, l'art du décorateur est caractérisé par Bouyer (op. cit.) de la façon suivante « ... un Viollet-le-Duc aurait estimé ce travail d'archéologie décorative et vraiment picturale, où la fantaisie même ne contredit jamais les suggestions de l'histoire ».

C'est en 1893 que Toudouze obtient la commande d'une peinture pour servir à la décoration de l'amphithéâtre de géographie à la Sorbonne. Ce nouveau bâtiment était alors en pleine reconstruction, sous la direction de l'architecte Nénot (voir la publication récente sous la direction de P. Rivé, 1987 qui reproduit l'amphithéâtre Turgot, p. 166, mais n'étudie pas le décor de Toudouze). Nous somme reconnaissants à Philippe Rivé d'avoir attiré notre attention sur les pièces de l'histoire de cette commande dont les minutes, conservées aux archives du Rectorat (dossier reconstruction, décoration picturale, 2e et 3e parties - sous-dossier n° 61), permettent d'évoquer les épisodes d'une commande officielle au XIXe siècle.

En juillet 1900, Toudouze sollicite un acompte, ce qui ne peut être possible car le peintre n'a pas encore présenté d'esquisse. Il le fait au mois d'août par l'intermédiaire d'une photographie : ce document, conservé aux archives du Rectorat, correspond à l'esquisse du Musée de Rennes (n° 39c). Après soumission de l'esquisse, le vice-recteur accepte le projet sous réserve de quelques observations (lettre du 19 août 1900). En février 1903 un échange de correspondance atteste que la peinture a été mise en place en octobre 1902 et acceptée sans modification par l'architecte Nénot. Pour ce décor, Toudouze a perçu la somme de 7 000 francs, plus un supplément de 3 000 pour les deux figures allégoriques latérales.

Le sujet peint par Toudouze (tel qu'il est libellé au dos de l'œuvre et de la main même de l'artiste), *Les premiers cours de théologie de Robert de Sorbon* est assez inattendu pour un amphithéâtre de géographie, d'autant plus que la faculté de théologie a été supprimée en 1885. La scène se déroule en plein air, les étudiants assis par terre et disposés en arc de cercle écoutent le professeur appuyé contre la margelle d'un puits. L'esquisse ici présentée est soigneusement cotée ; le nombre des étudiants a été un peu augmenté dans l'éxécution finale et l'étudiant de droite se situe exactement dans l'angle et au tout premier plan. L'élaboration nous est connue par une triple étude de *Robert de Sorbon*, avec des variantes d'attitudes, (n° 39a) et une esquisse à l'huile de plusieurs des textes des étudiants (n° 39b). Les deux figures latérales de la *Philosophie* et de la *Théologie* (à gauche), peintes en grisaille et en trompe-l'œil, semblent avoir été ajoutées au projet initial puisque Toudouze perçut pour leur exécution une indemnité supplémentaire (cf. *supra*). La scène principale est exécutée dans une palette claire et vivement colorée comme l'étaient les décors précédents du peintre.

Une huile sur panneau (0,55 × 0,27, signée) est passée en vente chez Christie's New York, le 24 mars 1985 (n° 197) intitulée *La fleuriste* ; elle représente curieusement une élégante contemporaine, devant un décor architectural tiré directement de la fresque de la Sorbonne (fig. 1).

Avant la mise en place définitive, la grande toile est exposée au Salon, en même temps qu'un des modèles pour une des tapisseries du Parlement de Rennes : *Le mariage d'Anne de Bretagne et de Charles VIII*. C'était assurément pour l'artiste une occasion supplémentaire de s'affirmer comme un décorateur officiel.

39 d

39 c

39 a

Fig. 1.

39a. *Études de figure*

Mine de plomb avec rehauts de craie blanche sur papier beige. H. 0,25 ;
L. 0,44.
Hist. : Collection de Madame de Loire, belle-fille du peintre. Acquis
    par la ville entre 1920 et 1925.
Inv. : 24.77.4.
Bibl. : Inédit.

Rennes, Musée des Beaux-Arts.

39b. *Études de têtes*

Huile sur toile. H. 0,33 ; L. 0,40 ; S.b.d.
Hist. : Acquis par l'actuel propriétaire.
Exp. : Paris, Chapelle de la Sorbonne, 1987, hors cat.
Bibl. : Inédit.

Paris, Collection Robert Capia.

39c. *Les premiers cours de théologie de Robert de Sorbon - esquisse*

Huile sur toile. H. 0,48 ; L. 0,97. S.b.d. sur l'arcade en plein cintre. Sur
la toile, au revers, de la main de Toudouze : « *Les premiers cours de
Théologie de Robert de Sorbon / chapelain et confesseur de st Louis /
fondadeur de la Sorbonne 1201 - 1274.*
Hist. : Achat de la ville en 1924, l'œuvre fut proposée par la veuve de
    l'artiste dès 1913.
Inv. : 24.77.1.
Bibl. : Boscher, 1974, n° 249.

Rennes, Musée des Beaux-Arts.

[*39d*]. *Les premiers cours de théologie de Robert de Sorbon*

Huile sur toile. H. 3,50 ; L. 9,00.
Bibl. : Bouyer, 1906, p. 139. - Liard, 1909, p. 120. - Bonnerot, 1927,
    p. 134. - Rivé, 1987, repr., p. 166.
Exp. : Salon de 1902, n° 1587, repr. cat. ill. p. 208.

Sorbonne, Amphithéâtre Turgot.

39 b

Jean-Julien LEMORDANT
Saint-Malo, 1882 - Paris, 1968.

40
Le rideau du Théâtre de Rennes

D'abord formé à l'École des Beaux-Arts de Rennes puis élève à l'atelier de Bonnat, à Paris, Lemordant revient finalement travailler en Bretagne où il s'installe, à Saint-Guénolé-Penmarc'h. Il expose à Paris en 1905, 1907 et s'impose à la critique comme un artiste original et novateur. Lemordant exécute un premier décor à la salle à manger de l'Hôtel de l'Épée à Quimper : une longue frise de 54 mètres de long sur le thème de la mer, ses travaux et ses joies. En 1912 le peintre reçoit une commande officielle : le plafond du Théâtre de Rennes, inauguré le 1er juin 1914. Lemordant développe dans une grande composition circulaire une farandole de danseurs, profane *Ascension* aux formes schématiques et aux couleurs vives.

Dans le cadre de la rénovation du Théâtre de Rennes, Lemordant fut chargé de compléter le décor du plafond par un rideau de scène. Malheureusement les hostilités empêchèrent de mener à son terme ce projet, assez bien connu néanmoins par des nombreuses études, principalement au fusain et au pastel. C'est le thème de la danse qui est poursuivi, avec une guirlande colorée qui se détache sur un rideau rouge vif. Cet ensemble aurait complété magnifiquement le plafond déjà réalisé.

Pour mener à bien ce projet, Lemordant multiplie, comme pour le plafond, les études d'ensemble et les études de chacun des groupes. Ses préoccupations sont tournées à la fois vers la forme et vers la couleur. Dans les études au fusain, il géométrise le costume breton pour en faire une structure de formes simples mais logiques et organisées (n° 40i). Sur certaines feuilles apparaissent des motifs décoratifs inspirés du répertoire traditionnel breton (n° 40d) ou même, référence plus explicite à la région, des armoiries (n° 40c). Il marque ainsi, et parmi les premiers, son intérêt pour un régionalisme formel qui allait tant marquer l'entre-deux-guerres dans ses applications décoratives et industrielles.

Dans les séduisantes études colorées, Lemordant se concentre sur les effets de taches saturées de couleurs. Au plafond, réalisé dans des tonalités plutôt froides de bleu et de vert, il oppose, dans le rideau, cette masse rouge aux reflets dorés ponctués allègrement des bigarrures des danseurs. En grand praticien, Lemordant sait choisir les techniques graphiques qui valorisent le mieux l'effet recherché.

En regroupant ici quelques œuvres exemplaires et révélatrices du travail de Lemordant pour cette commande particulière (dont le repérage de l'ensemble des études reste à faire) la démarche et le projet de l'artiste apparaissent plus clairement. Il semble que le peintre parte tout d'abord d'une recherche de vibrations colorées (n° 40a) auxquelles il va donner, dans une succession d'études de plus en plus précises, des formes suggestives et évocatrices.

A la différence des décorateurs des générations précédentes, Lemordant est parvenu à s'affranchir de toute iconographie précise. Libéré de toute anecdote de sujet, il peut donner aux notions de forme et de couleur leurs valeurs premières. C'est à la fois sa force et le signe d'une évidente modernité.

40 b

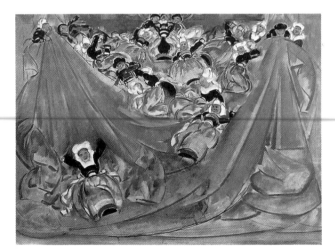

40 c

40a. *Esquisse*

Pastel. H. 0,97 ; L. 0,126.
Hist. : Fonds de l'atelier de l'artiste.
Bibl. : Inédit.

Paris, collection madame Naudet.

40b. *Esquisse*

Pastel. H. 0,53 ; L. 0,37.
Hist. : Fonds de l'atelier de l'artiste.
Bibl. : Inédit.

Paris, collection madame Naudet.

[40c]. *Esquisse*

Huile sur toile. H. 0,97 ; L. 1,30.
Bibl. : Inédit.

Non localisé.

40 a

40 d

40 e

40 f

40d. Étude

Fusain. H. 0,50 ; L. 0,64.
Hist. : Fonds de l'atelier de l'artiste.
Bibl. : Inédit.

Paris, collection madame Naudet.

40e. Esquisse

Œuvre connue par une photographie ancienne (Archives départementales du Finistère, dossier J.J. Lemordant, renseignement aimablement communiqué par L. Legeard).

40f. Étude de figures

Pastel. H. 0,34 ; L. 0,51. Signé en bas à droite.
Hist. : Achat à la Galerie Albert Henri, Rennes, 1981.
Inv. : 81.003.
Bibl. : Inédit.

Châteaugiron, FRAC/Bretagne.

40 g

40 h

40 i

40g. *Étude de figures*

Pastel. H. 0,34 ; L. 0,51.
Hist. : Achat à la Galerie Albert Henri, Rennes, 1981.
Inv. : 81.002.
Bibl. : Inédit.

Châteaugiron, FRAC/Bretagne.

40h. *Bretonnes*

Fusain. H. 0,63 ; L. 0,48.
Hist. : Fonds de l'atelier de l'artiste.

Bibl. : Inédit.

Paris, collection madame Naudet.

40i. *Études de danseurs*

Fusain. H. 0,50 ; L. 0,65.
Hist. : Achat à la Galerie Albert Henri, Rennes, 1981.
Inv. : 81.1.1.
Exp. : Rennes, 1983, n° 38, repr.

Rennes, Musée des Beaux-Arts.

Jean LE MOAL
né à Authon-du-Perche, 1909.

41
Vitraux de la grande rose du chœur de la cathédrale de Saint-Malo.

Depuis trente ans le peintre Jean Le Moal a fourni un grand nombre de cartons de vitraux qui font de lui l'un des plus importants maîtres de cette discipline. Les affinités qui existent entre l'artiste et la Bretagne font qu'une partie importante de ses réalisations se trouve dans cette province : verrière de Notre-Dame de Rennes (1956), église Saint-Martin de Brest (1957-61), cathédrale de Nantes (1980), la plus importante de ses réalisations.

En 1968, l'ensemble des vitraux du chœur et du transept de la cathédrale Saint-Vincent de Saint-Malo est proposé à Jean Le Moal. Dans une série d'études données par l'artiste au Musée en 1979, Le Moal imagine des vitraux conçus comme une succession de surfaces colorées, généralement pâles, alternativement à dominantes chaudes ou froides. Ce sont les vibrations chromatiques qui rythment l'espace en créant une animation raffinée de demi-teintes. Les études successives montrent bien le sens de cette recherche maîtrisée. Pour Le Moal, le cartonnier de vitraux se doit de travailler en étroite liaison avec le maître verrier, les impératifs de l'un guidant l'inspiration de l'autre. Après une longue et patiente collaboration, c'est en juin 1972 que l'ensemble est terminé et que les 372 m² des vitraux se trouvent mis en place.

41 c

41a. Maquette des vitraux de la grande rose de la cathédrale de Saint-Malo

Aquarelle et gouache. H. 0,975 ; L. 0,675.
Hist. : Don de l'artiste, 1979.
Bibl. : Inédit.
Inv. : 79.1.17.

Rennes, Musée des Beaux-Arts.

41b. Maquette du centre de la grande rose de la cathédrale de Saint-Malo

Aquarelle, gouache et encre de chine. Diam. 0,47.
Hist. : Don de l'artiste, 1979.
Bibl. : Inédit.
Inv. : 79.1.18.

Rennes, Musée des Beaux-Arts.

[41c]. Vue de la rose du chœur de la cathédrale de Saint-Malo

Photographie moderne.

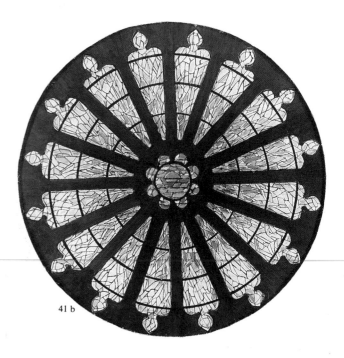

41 b

41 a

Chapitre 5   Esquisse et enseignement

La phase préparatoire de l'élaboration d'une œuvre devait tout naturellement retenir l'attention des pédagogues. En accordant autant d'importance au dessin les premiers théoriciens de l'art ont bien compris, et démontré, qu'une technique maîtrisée permettait à l'artiste de s'exprimer avec une liberté plus grande (1). Les académies créées en Italie dès la fin du XVIe siècle, et dans le reste de l'Europe aux XVIIe et XVIIIe siècles, développèrent une véritable hiérarchie des techniques. En France les apprentis peintres apprenaient leur métier chez un maître jusqu'à ce que l'Académie de Peinture et de Sculpture (créée en 1648) ne transforme, en le complétant, le système d'éducation. La grande nouveauté fut l'institution du modèle vivant, dont les Carrache, à Bologne, furent les premiers à éprouver le besoin.

Dans ce système d'éducation, le principe du concours avec prix et récompense tient une place capitale (2). La formule la plus typique demeure celle du concours pour le prix de Rome dont le premier fut organisé en 1663 par Colbert. Modifié et perfectionné à plusieurs reprises (1674, 1797, 1863, 1871), ce concours est fondé sur la réalisation d'une succession d'esquisses, chacune d'entre elles permettant d'affiner la sélection. Des épreuves internes à l'école furent également instituées, le concours d'Esquisse en est un bon exemple (3). Ces exercices d'entrainement constituent véritablement la quintessence de l'enseignement de l'École des Beaux-Arts ; ils permettent en effet de mesurer l'aptitude du candidat à représenter correctement des personnages en action, en même temps que de juger des qualités d'invention et d'imagination.

Si la pratique de l'esquisse constitue un des principes essentiels de l'enseignement officiel, ce genre est compris dans l'acception traditionnelle d'une technique nécessaire à l'élaboration d'un projet ; car l'œuvre achevée doit être exécutée avec le plus grand soin et présenter tous les caractères extérieurs du *définitif*. La facture même de l'esquisse, son aspect *non finito*, renvoie à cette notion d'esthétique qui replace le rôle de cette technique dans l'apparition de la modernité. Cet aspect développé par Albert Boime fut récemment remis en situation dans un essai de Bruno Foucart (*L'exercice de l'esquisse,* p. 9-18, in op. cit. note 3).

Il nous restait à trouver des exemples pour illustrer cet aspect du rôle de l'esquisse peinte dans la pédagogie. Les collections du Musée des Beaux-Arts de Rennes ne comportent pas de cas suffisamment significatifs. Nous avons sollicité le riche fonds de l'École nationale supérieure des Beaux-Arts pour illustrer ce phénomène, avec deux artistes dont l'activité fut liée à Rennes, et par ailleurs bien représentés dans les collections du musée : Toudouze et Roger.

---

(1) « Sachez bien, j'y insiste, qu'une longue pratique, poursuivie pendant des années, est la lumière même du dessin et forme les meilleurs maîtres... Je le redis une fois encore : ce projet ne peut être bon s'il ne procède d'un recours constant au dessin d'après nature et à l'étude des grands maîtres et des statues antiques... A partir de là, il sera capable d'inventer, c'est-à-dire de composer des scènes en associant quatre, six, dix, vingt figures ou plus, jusqu'à représenter des batailles ou d'autres grands sujets. »

    Vasari, *Les vies des meilleurs peintres, sculpteurs et architectes,* I, 1550, nouv. éd. 1981, p. 153-155.

(2) Cf. Ph. Grunchec, *Le Grand Prix de Peinture. Les concours des Prix de Rome de 1797 à 1863,* Paris, 1983 - id. *Les concours des Prix de Rome de 1864 à 1968,* à paraître.

(3) Cf. Ph. Grunchec, *Les concours d'esquisses peintes, 1816-1863,* 2 tomes, Paris, 1986.

Édouard TOUDOUZE
Paris, 1848 - Paris, 1907.

42
Adieux d'Oedipe aux cadavres de sa femme et de ses fils

Entré à l'École des Beaux-Arts en octobre 1865, Toudouze choisit l'atelier d'Isidor Pils, le peintre militaire, auteur du fameux *Rouget de l'Isle chantant la Marseillaise*. C'est là qu'il acquiert sans doute le goût pour le décorum et l'histoire, qui ne le quittera guère, et qui se traduit dans ses premiers envois au Salon : en 1867 il présente un *Embarquement de pirates* (n° 1471), en 1868 une *Mort de Jézabel* (n° 2396), il expose en 1869 un *Supplice de Brunehaut* (n° 2278) et *Deux amis* (n° 2279).

Mais le meilleur gage pour la perspective d'une carrière réussie passe par le succès au concours du Prix de Rome. Il tente une première fois l'épreuve en 1867, mais c'est à la seconde tentative, en 1871, qu'il devient lauréat. Cette année-là, le sujet est tiré des *Phéniciennes* d'Euripide, le moment choisi est celui où Antigone conduit Oedipe aveugle vers les corps de Jocaste, sa femme qui s'est tuée, et de ses deux fils Étéocle et Polynice mis à mort par Créon : « Conduisez-moi vers Jocaste, votre mère, Antigone. La voici : je veux toucher pour la dernière fois une si chère main. Où sont mes fils ? Les voici, étendus l'un auprès de l'autre. Dirigez ma main tremblante sur leurs visages glacés ».

Les œuvres prêtées par l'École des Beaux-Arts, et aimablement signalées par Philippe Grunchec, nous renseignent très précisément sur l'évolution du travail de Toudouze. Dans le calque préparatoire (n° 42a) le groupe des personnages est mis en place, d'un trait sûr et schématique, il constitue un volume dense mais très lisible, construit sur un arc de cercle qui va du buste penché de la jeune Antigone, jusqu'au cadavre de Jocaste. Le décor subira des variations plus importantes, l'autel passe en effet de gauche à droite. Les deux esquisses sont le domaine de l'étude de la couleur, et de la juste répartition des valeurs (n° 42b et c). La gamme colorée est résolument froide. Le paysage et les éléments du décor, peint dans des tons pastels, mettent bien en valeur le groupe sombre et tragique des personnages. L'exécution finale (42d) montre la richesse de l'étude des détails : armes et objets antiques, éléments décoratifs de l'autel, du tapis et du vélum. La qualité de la toile naît surtout de cette succession de gestes qui unissent la fille, le père et le cadavre de la mère.

La Chronique des Arts et de la Curiosité (n° 1, 10 déc. 1871) rend compte du concours et commente l'œuvre de la façon suivante : « C'est à M. Édouard Toudouze, âgé de 23 ans, élève de MM. Pils et Leloir, que le prix a été décerné. Le tableau de ce jeune homme méritait en effet une pareille distinction. Au moins sous le rapport de la tenue générale a-t-il paru bien supérieur à ceux des autres concurrents. Ce n'est point un chef-d'œuvre sans doute : en fait-on jamais à l'École ? mais c'est une œuvre très estimable, accusant des études sérieuses, un acquis réel, mieux que cela, pleine de promesses, annonçant beaucoup pour l'avenir. La disposition des personnages est bien trouvée ; l'effet est neuf, vif, inattendu. Peut-être l'exécution semblera parfois sèche et mince ; il y a beaucoup d'expression dans la figure d'Oedipe, et le cadavre de Jocaste est une invention tout à fait heureuse ».

Fort de ce succès, Toudouze allait passer quatre années à la Villa Médicis, le Musée des Beaux-Arts de Rennes conserve son envoi de première année : *Éros et Aphrodite*.

42 a

42 b

42 c

42 d

42a. *Adieux d'Oedipe aux cadavres de sa femme et de ses fils*

Pierre noire sur papier calque jaune. H. 0,255 ; L. 0,295.
Inv. : 18081.
Bibl. : Grunchec, Le Grand Prix de Peinture, les prix de Rome de 1864
     à 1968, à paraître.

Paris, École Nationale Supérieure des Beaux-Arts.

42b. *Adieux d'Oedipe aux cadavres de sa femme de ses fils* (esquisse)

Huile sur toile. H. 0,33 ; L. 0,41. Signé, daté, bas, gauche, *1871* (au
crayon).
Hist. : Collection du peintre Édouard Dantant (1848-1897), élève
     comme Toudouze, de l'atelier d'Isidore Pils.
Bibl. : Grunchec, id., à paraître.

Paris, Collection particulière.

42c. *Adieu d'Oedipe aux cadavres de sa femme et de ses fils* (esquisse)

Huile sur toile. H. 0,38 ; L. 0,46.
Inv. : E.B.A. 11722.
Bibl. : Grunchec, id., à paraître.

Paris, École Nationale Supérieure des Beaux-Arts.

42d. *Adieu d'Oedipe aux cadavres de sa femme et de ses fils,* (Grand Prix, 1871)

Huile sur toile. H. 1,14 ; L. 1,46.
Inv. : E.B.A. n° 3005.
Bibl. : Grunchec, id., à paraître.

Paris, École Nationale Supérieure des Beaux-Arts.

Louis ROGER
Paris, 1874 - Paris, 1953.

43
La charité de saint Martin

D'origine bretonne, Louis Roger suit les cours de l'École des Beaux-Arts de Rennes avant de devenir l'élève de Jean-Paul Laurens et de Benjamin Constant à l'École des Beaux-Arts de Paris. En 1899, il obtient la consécration du prix de Rome. Sa carrière se partagera entre des commandes officielles (Hôtel de Ville de Rennes, de Saint-Nazaire, Palais de Justice de Nantes), des récompenses obtenues aux Salons et son enseignement à l'École des Beaux-Arts et à l'École Polytechnique.

L'esquisse présentée ici correspond au concours d'esquisse de février 1893 ; il s'agit d'un concours trimestriel à deux degrés doté du prix Fortin d'Ivry dans le cadre duquel Roger obtint une deuxième médaille avec cette œuvre. Le dessin exposé (n° 43a), qui correspond au premier degré de l'épreuve, montre une composition solide mais au sujet assez peu lisible, saint Martin est en effet vu de dos et son geste nous est caché. Les formes sont nettement dessinées, les volumes marqués par un jeu de hachures. Dans la peinture la netteté des contours a disparu au profit d'un effet brumeux qui correspond bien à l'évocation de l'atmosphère d'un paysage enneigé d'hiver. Dans une harmonie très raffiné de tons bruns, Roger nous décrit la scène sans emphase, au moyen d'une technique conforme au genre de l'esquisse mais l'œuvre s'apparente finalement, par son sujet et son harmonie colorée, à l'esthétique du grand décor de la deuxième moitié du XIXe siècle.

43a. *La charité de saint Martin*
Crayon noir. H. 0,480 ; L. 0,580.
Inv. : 24245.
Bibl. : Inédit.

Paris, École Nationale Supérieure des Beaux-Arts.

43b. *La charité de saint Martin*
Huile sur toile. H. 0,380 ; L. 0,465. Au dos : *L. Roger A16*.
Inv. : E.B.A. n° 8611.
Bibl. : Inédit.

Paris, École Nationale Supérieure des Beaux-Arts.

43 a

43 b

Chapitre *6*   Première idée et sculpture

Quoi de plus *apparemment* différent d'un dessin, réseau de lignes sur une surface plane, qu'une sculpture, volume inscrit dans l'espace. Malgré cette absence de la troisième dimension le sculpteur est presque toujours un dessinateur, et parfois aussi un peintre. On sait que certains sculpteurs ne pensaient pas leur œuvre en la dessinant, mais en la modelant directement, tel Cellini ; néanmoins c'est généralement en la représentant graphiquement que la première idée d'une œuvre, lentement, s'imposait à eux. Ne convient-il pas de voir dans la rigueur abstraite du trait une approche de la synthèse de formes et de volumes que représente toute œuvre sculptée. En définissant la sculpture comme « art de supprimer et d'ajouter » (1) Michel Ange ressent implicitement cette rigueur commune au sculpteur et au dessinateur.

Les dessins exécutés par les sculpteurs sont de type très variés. Ils peuvent être liés à une œuvre réalisée connue (c'est cette catégorie qui nous intéresse) ou bien simple idée exprimée, sans suite, pour le plaisir de laisser l'imagination courir, affranchie de toute pesanteur matérielle, si importante et contraignante lors de l'exécution.

Les œuvres choisies et présentées se limitent à des études en rapport avec des œuvres connues. Un choix différent aurait permis d'inclure des feuilles aussi célèbres et prestigieuses que le dessin recto/verso de Donatello (2) mais la confrontation du dessin avec l'œuvre achevée nous semble mieux révéler les correspondances entre les diverses techniques utilisées. Car l'idée d'une sculpture peut s'exprimer aussi par modelage (terre cuite, plâtre) ; les exemples de Maindron (nº 45) et surtout de Lanno (nº 46), avec ses *Muses*, montrent une recherche qui s'effectue déjà au moyen des trois dimensions. Les œuvres contemporaines présentées offrent la plus grande variété. Pour Gonzalez qui utilise le procédé cubiste du papier collé, les projets de sculptures sont en fait des sculptures déjà réalisées mentalement (nº 47). Hajdu, quant à lui, se sert de la technique très libre, et picturale, du lavis d'encre dont les contrastes évoquent bien les pleins et les vides qui sont au cœur du travail de l'artiste (nº 48). Enfin le long parcours de Groborne, jalonné ici de trois dessins, montre comment l'art du dessinateur peut remplacer celui du sculpteur, comment l'appétit d'imagination peut se substituer au désir d'exécution.

---

(1) Lettre à Varchi, 1547.

(2) Inv. 794.1.2501 ; recto : *étude pour un Massacre des innocents,* verso : *David.*

Pierre PUGET

Marseille, 1620 - Marseille, 1694.

44
Milon de Crotone

Les circonstances dans lesquelles Puget eut l'intuition de sa composition nous sont connues. L'épisode se situe pendant le séjour de l'artiste à Toulon qui dirige alors l'atelier de sculpture de l'Arsenal (1668-1678). En 1672, errant mélancoliquement il aperçoit deux blocs de marbre qui attendent leur embarquement pour Versailles et qui lui inspirent instantanément son œuvre. C'est lors de ce séjour à Toulon que Puget réalise ses sculptures les plus célèbres : *Milon, Persée et Andromède, Alexandre et Diogène,* etc.

La savante monographie de Herding analyse l'œuvre et recense les différents dessins liés à cette sculpture. La feuille de Rennes, est la seule qui doit être retenu comme une exécution originale et antérieure à l'œuvre sculptée. La plupart des dessins catalogués sont postérieurs à l'œuvre de Puget (Herding, n° c, Montpellier ; n° e, Louvre ; n° g coll. part. ; n° h, Marseille ; n° i, Paris, coll. part.). Quant aux autres, ils s'éloignent trop de ce que l'on sait de Puget dessinateur, et par ailleurs, ils n'ont guère de points communs avec la sculpture (Herding, n° a, Dijon Magnin, n° d, Aix-en-Provence). Si la feuille de Rennes constitue un des rares dessins connus de Puget, en rapport direct avec une sculpture, il est aussi différent du style des autres dessins connus. Immédiat et spontané, il correspond parfaitement à cette notion de première idée, sans modification ni reprise postérieure ; cette esquisse nour restitue la réalité de la vision de Puget. La technique du lavis posé avec véhémence et presque sans nuance, contribue à nous donner l'impression de cette image fugace qui s'est imposée à l'imagination de l'artiste.

Les *Archives de l'art français* (1ʳᵉ série, t. IV, p. 292) ont publié une lettre de Matharel à Colbert (26 juin 1671) où il est dit que Puget attend la réponse du ministre sur deux dessins concernant des projets de sculptures (il s'agit d'un *Alexandre* et du *Milon*). Il est difficile de voir dans la feuille de Rennes le document envoyé à Colbert. Les dessins ainsi présentés avaient un degré de finition bien plus grand. De ce point de vue le dessin de Montpellier (Herding n° c) est, parmi les œuvres connues, celui qui se rapproche le plus de ces dessins évocateurs d'une œuvre achevée.

Entreprise en 1671, le groupe de Milon allait être placé douze ans plus tard dans le parc de Versailles. Cet épisode de l'inauguration de la statue par Louis XIV inspirera deux peintres du XIXᵉ siècle : Lemonnier (tableau au Musée des Beaux-Arts de Rouen) et Devéria (esquisse et tableau au Musée du Louvre).

Très célèbre le groupe fut assez tôt reproduit en bronze, toujours réduit. Cette opération a nécessité la réalisation de modèles en terre cuite qui ont pu se confondre avec les maquettes originales exécutées par Puget. Il faut voir ainsi dans la petite terre cuite du Louvre (RF 417, O,286 × 0,199) une réduction tardive.

44a. *Milon de Crotone*

Pinceau et lavis brun sur esquisse à la mine de plomb. H. 0,43 ; L. 0,30. Collé sur un montage moderne ; filigrane : grappe de raisin ; annoté à l'encre brune en bas, à gauche : *59* et à droite : *Esquic originale du Milon de Mr Puget dont la statue est à Versailles.*

Hist. : Collection du président de Robien. Saisi à la révolution, entré au Musée en 1794.

Inv. : 794.1.2584.

Bibl. : Cat. 1859 : C. 91, p. 120 (Pierre Puget). - Cat. 1863, C. 129-2 (attribué à Puget). - Cat. 1871 : id. - Cat. 1876 : id. (Pierre Puget). - Cat. 1884 : id. - Auquier, s.d., p. 79, repr. p. 77. - Brion, 1930, p. 108-p 109, repr. - Lavallée, 1938, n° 50. - Lavallée, 1939, n° 10, repr. - Lavallée, 1948, p. 58, repr. pl. XXVII. - Vallery-Radot, 1953, p. 202, repr. fig. 119. - Trachsler, 1954, p. 301. - Berhaut, 1957, repr. - Boyer, 1965, p. 106 et 112. - Herding, 1970, p. 170. - Boisfleury, 1971, p. 94, repr. fig. 4. - Marie (A.), Marie, 1976, pp. 348-349. - Martin, 1977, p. 77, repr. 51. - Gloton, 1985, p. 54.

Exp. : Bruxelles, Rotterdam, Paris, 1949-50, n° 45, repr. et pl. 19. - Vienne, 1950, n° 58. - Washington, Cleveland, Saint-Louis, Harvard, New york, 1952-53, n° 54. - Paris, 1953, n° 116. - Londres, 1958, n° 290. - Paris, 1958, n° 243. - Berne, 1959, n° 182. - Rome, Milan, 1959-60, n° 45, pl. 24. - Lausanne, 1963 ; Paris, 1968-69, n° 364. - Paris, Rennes, 1972, n° 84, pl. XXI. - Marseille, 1978, n° 178.

Rennes, Musée des Beaux-Arts.

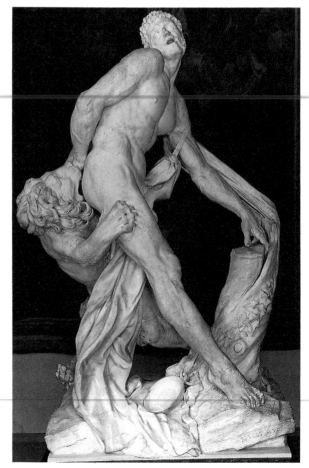

44 b

estquic originale du Milon de m[?]
puget dont la statue est à Versailles

44 a

[44b]. *Milon de Crotone dévoré par un lion*

Marbre. H. 2,70 ; L. 1,40 : P. 0,98. Signé sur la base, au-dessous du pied
droit : *P. Puget sculp. Massimiliensis Fa... (ciebat), anno 1682.*
Hist. : Versailles, Jardin du Château sous Louis XIV. - En 1818, il est
toujours à Versailles (Archives du Louvre 1 DD 67, p. 110).
- En 1820, au Louvre (inventaire par Clarac, Archives du Lou-
vre, 1 DD 74, fol. 79).
Inv. : M.R. 2075.
Bibl. : Herding, 1970, n° 38, repr.

Paris, Musée du Louvre.

44c. Milon de Cortone

Réduction en bronze de l'œuvre de Puget. H. 0,97 ; L. 0,61 ; P. 0,35.
Hist. : Dépôt de l'État, 1835.
Inv. : D 835.
Bibl. : Herding, 1970, p. 172.

Rouen, Musée des Beaux-Arts.

Étienne-Hippolyte MAINDRON
Champtoceaux (Maine-et-Loire), 1801 - Paris, 1884.

45
Velléda

D'origine angevine, Maindron fut l'élève de David d'Angers à l'École des Beaux-Arts de Paris, et collabora avec son professeur au fronton du Panthéon. Sa carrière est jalonnée de nombreuses commandes et expositions aux Salons ; les sujets tirés de l'histoire de France et les thèmes allégoriques dominent son œuvre. L'une de ses sculptures les plus célèbres, *Velléda* fut commandée par le ministère de l'Intérieur, le 6 janvier 1843 pour une somme de 12 000 francs payés le 4 janvier 1845.

Une première esquisse a tout d'abord été exécutée, il s'agit probablement du plâtre de Rennes (n° 45b) qui porte la date *1838*. La statuette en plâtre du Louvre (n° 45c) (dimensions erronées dans Bresc) est analogue à celle de Rennes. Ces deux versions correspondent sans doute à un tirage d'après un moulage d'un plâtre original disparu. Des traces de coutures apparaissent en effet très nettement dans l'exemplaire de Rennes, celui du Louvre abondamment peint est en moins bon état et en présente pas ces traces. Le plâtre du musée d'Angers (n° 45c) exposé au Salon du 1839 correspond au modèle définitif ; c'est à partir de ce modèle que le marbre du Louvre a été exécuté (n° 45d). La terre cuite de la collection Sackler (New York) a sans doute été exécuté d'après le modèle original de Maindron : la figure plus courte et trapue ne possède pas l'élégance du modèle (cat. exp. Washington, Cambridge, 1981, repr.).

Le sujet est tiré d'un épisode des *Martyrs* de Châteaubriand (paru en 1809), dans lequel la druidesse Velléda fut emprisonnée pour avoir soulevé les Gaulois, puis libérée par son geôlier, le jeune chrétien romain Eudore ; ne pouvant rencontrer celui qu'elle aime, elle contemple la prison : « elle resta longtemps appuyée contre un arbre, à regarder les murs de la forteresse... Une tunique noire et sans manche servait à peine à voiler sa nudité. Elle portait une faucille d'or suspendue à une ceinture d'airain et elle était couronnée d'une branche de chêne ».

La critique manqua d'enthousiasme et Châteaubriand écrivit : « Elle est belle, très belle, mais je ne l'avais pas rêvée ainsi. Je l'aurais voulu violente, échevelée, telle que je l'ai décrite » (Bresc, p. 307). Il est vrai que l'élégante prêtesse de Maindron n'a rien de la personnalité sauvage imaginée par l'auteur des *Martyrs*. La statue de Maindron appartient plutôt à ce type de créature évanescentes mises à la mode par le style troubadour. Corot, Cabanel, Lepère, Voillemot donnèrent eux aussi leur version de la pathétique patriote gauloise.

[45b]. *Velléda*
Plâtre. H. 0,560 ; L. 0,250. Signé au milieu à gauche sur le tronc.
Hist. : Ancienne collection Odilon Roche. Vente Paris, 24 juin 1931. Acquis en 1931 par le Louvre.
Inv. : RF 2057.
Bibl. : Lami, 1919, t. III, p. 378. - Bresc, 1986, p. 305.

Paris, Musée du Louvre.

[45c]. *Velléda*
Plâtre. H. 1,80 : L. 0,73. Signé sur la plinthe, à droite.
Hist. : Salon de 1839, n° 2238 (*Archidruidesse Velléda contemplant la maison d'Eudore*) Don de l'auteur au Musée Saint-Jean d'Angers en 1844.
Inv. : 74 (J. 1881).
Bibl. : Lami, 1919, t. III, p. 378. - Bresc, 1986, p. 306.
Exp. : Paris, Salon, 1839, n° 2238

Angers, Musée Saint-Jean.

[45d]. *Velléda*
Marbre. H. 1,98 ; L. 0,72 ; P. 0,69. Signé sur la plinthe à droite. Sur le devant : *Velléda*.
Hist. : Commande de 1869 pour remplacer l'original détérioré datant de 1843. - Musée du Luxembourg de 1871 à 1883. - Musée du Louvre 1883-1893. - Jardin des Tuileries 1893-1920. - Musée du Louvre depuis 1920.
Inv. : RF 2992.
Bibl. : Lami, 1919, t. III, p. 378. - Bresc, 1986, p. 305.

Paris, Musée du Louvre.

45a. *Velléda*
Plâtre, esquisse originale. H. 0,56 : L. 0,25 ; P. 0,24. Signé daté, au miieu à gauche sur le tronc, 1838.
Hist. : Don de M. de Botherel en 1871.
Inv. : 871.18.10.
Bibl. : Lami, 1919, t. III, p. 378. - Bresc, 1986, p. 305.
Exp. : Paris, 1900, n° 1721.

Rennes, Musée des Beaux-Arts.

45 b

45 a

45 c

45 d

François-Gaspard-Aimé LANNO
Rennes, 1800 - Beaumont-sur-Oise, 1871.

46
Apollon et les Muses

Formé à l'École des Beaux-Arts de Paris où il rentre en 1818, Lanno obtient le prix de Rome en 1827 avec un bas-relief *représentant Mucius Scaevola devant Porsenna* (Paris, École des Beaux-Arts). On suit sa carrière de sculpteur et de statuaire grâce aux participations aux Salons (jusqu'en 1867) et aux nombreuses commandes officielles : par exemple le *Maréchal Brune* pour Versailles, *Fénelon* pour la fontaine de la place Saint-Sulpice à Paris. Il participe également au décor extérieur du Louvre en exécutant deux plâtres : *Fléchier* au Pavillon Sully et *Pascal* au Pavillon de Rohan.

Les dix statues de l'attique du Théâtre de Rennes, constituent la première commande officielle de l'artiste après son retour de Rome. Le nouveau Théâtre fut inauguré le 1er mars 1836, les travaux avaient commencé en 1832 (cf. Veillard, 1978, p. 207-220). C'est à la fin de l'année 1837 que Lanno reçoit la commande de cette série. Une lettre d'Eugène Devéria à son frère, datée du 11 novembre 1833 (*Nouv. Arch. de l'Art. Fr.*, 3e série, t. 16, 1900, p. 168) raconte comment Devéria fut en compétition avec Lanno pour cette commande : « J'ai raté une belle affaire de gloire que je croyais bien mettre dans mon sac de provisions. C'était dix statues de six pieds, à mille francs pièce, en pierre, faites seulement par devant, pour une salle de spectacle que l'on bâtit ». Les maquettes en plâtre conservées au Musée de Rennes, sont sans doute la première réalisation en volume, la transcription de la première idée. La petite taille des modèles, l'aspect suggestif des plis, enfin les différences notables qui existent avec les œuvres achevées, laissent supposer que d'autres maquettes plus abouties ont été exécutées avant la taille décisive. Deux des maquettes se trouvent en double exemplaire : *Apollon* et *Uranie*, les versions sont chaque fois différentes (pose des bras, inclinaison de la tête, plis du vêtement) sans correspondre d'ailleurs à l'exécution finale (fig. 1, fig. 2). L'artiste n'est qu'au début de sa recherche et exploite toutes les possibilités.

Peu dégagées du bâtiment puisque disposées à l'aplomb de l'attique, ces statues passent relativement inaperçues dans la façade dont elles constituent pourtant l'unique décor historié (fig. 3).

Apollon et les neufs Muses

12 maquettes en plâtre (Apollon et Uranie sont en double exemplaire, avec variantes)
Hist. : Atelier de l'artiste, entré au Musée au XIXe siècle.
Inv. : 49.230. 1 à 12.
Bibl. : Catalogue du Musée Archéologique et Ethnographique de Rennes, 1932, n° 5954. - Veillard, 1978, p. 220, note 46.
Rennes, Musée des Beaux-Arts.

46a. Apollon
Plâtre. H. 0,25 ; L. 0,08 ; P. 0,05.
Inv. : 49.230.1.

46b. Apollon
Plâtre. H. 0,24 ; L. 0,08 ; P. 0,06.
Inv. : 49.230.2.

46c. Clio
Plâtre. H. 0,24 ; L. 0,07 ; P. 0,06.
Inv. : 49.230.3.
Rennes, Musée des Beaux-Arts.

46d. Euterpe
Plâtre. H. 0,23 ; L. 0,08 ; P. 0,05.
Inv. : 49.230.4.

46e. Thalie
Plâtre. H. 0,23 ; L. 0,07 ; P. 0,05.
Inv. : 49.230.5.

46f. Melpomène
Plâtre. H. 0,23 ; L. 0,08 ; P. 0,05.
Inv. : 49.230.6.

46g. Terpsichore
Plâtre. H. 0,24 ; L. 0,08 ; P. 0,05.
Inv. : 49.230.7.

46h. Erato
Plâtre. H. 0,24 ; L. 0,08 ; P. 0,07.
Inv. : 49.230.8.

46i. Polymnie
Plâtre. H. 0,24 ; L. 0,08 ; P. 0,06.
Inv. : 49.230.9.

46j. Uranie
Plâtre. H. 0,24 ; L. 0,08 ; P. 0,06.
Inv. : 49.230.10.

46k. Uranie
Plâtre. H. 0,24 ; L. 0,08 ; P. 0,06.
Inv. : 49.230.11.

46l. Calliope
Plâtre. H. 0,23 ; L. 0,08 ; P. 0,06.
Inv. : 49.230.12.

Fig. 3.

46 a

46 b

Fig. 1.

46 j

46 k

Fig. 2.

Julio GONZALEZ
Barcelone, 1876 - Arcueil, 1942.

47
Projets de sculptures

L'œuvre sculpté de Gonzalez apparait comme celle d'un démiurge fécond, inventeur de formes réalisées dans un matériau jusqu'à lui inusité en sculpture : le fer. Ses figures, sans références visuelles à notre monde quotidien, donnent corps à une inspiration pour autant poétique que fantastique.

L'essentiel des dessins de Gonzalez sont des projets de sculptures. Un petit nombre a pu être réalisé mais la plupart de ces idées n'ont pu l'être à cause de l'impossibilité de se procurer du métal pendant la guerre. A partir de 1931 et jusqu'à sa mort, Gonzalez va dessiner toute une série de personnages qui sont aussi bien des *sculptures dessinées* que des projets de sculptures, tant l'artiste *voit* ses formes au moment même où il en a l'intuition. Au moyen de corps schématiques et conventionnels, l'artiste dessine une succession de gestes et d'attitudes. Cette démarche aboutira aux célèbres « hommes-cactus » ainsi appelés par le sculpteur en raison des piquants qui hérissent leur silhouette.

Gonzalez utilise toutes les ressources de la plume et du lavis ; au cours de l'année 1937, il emploiera des papiers collés dont le dessin de Rennes, (n° 48a), constitue un bon exemple. Cet apport de matière et de couleurs nouvelles traduit bien cette variété de formes et de surfaces que l'artiste recherche en sculpture, parsemant de bosses, hérissant de piquants les surfaces qui s'offrent à lui.

47a. *Les grandes taches blanches*

Dessin à la plume, aux crayons de couleurs et collage, sur papier ocre, signé des initiales vers le bas et vers la gauche et daté, *1937/10.3*. H. 0,32 ; L. 0,24.

Hist. : Achat à l'Hôtel Drouot, jeudi 8 novembre 1979.
Inv. : 79.8.1
Bibl. : Gibert, 1975, p. 48, repr. - « Les principales acquisitions des musées de province », *Revue du Louvre*, 1980, n° 2, p. 126. - Barbier, 1980, p. 61, repr n° 5.
Exp. : Paris, Rennes, 1982. - 1983, Rennes, n° 23, repr.

Rennes, Musée des Beaux-Arts.

[*47b.*] *Étude d'homme abstrait*

Plume, encre de Chine, crayon de couleur sur papier ivoire. H. 0,25 ; L. 0,16. Ni signé, ni daté.

Hist. : Donation de Madame R. Gonzalez 1972.
Bibl. : Gibert, 1975, p. 49, repr.

Barcelone, Musée d'Art Moderne.

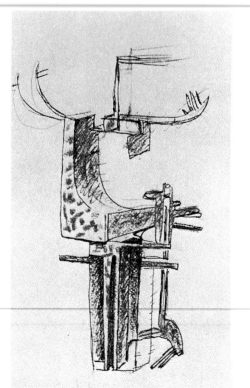

47 b

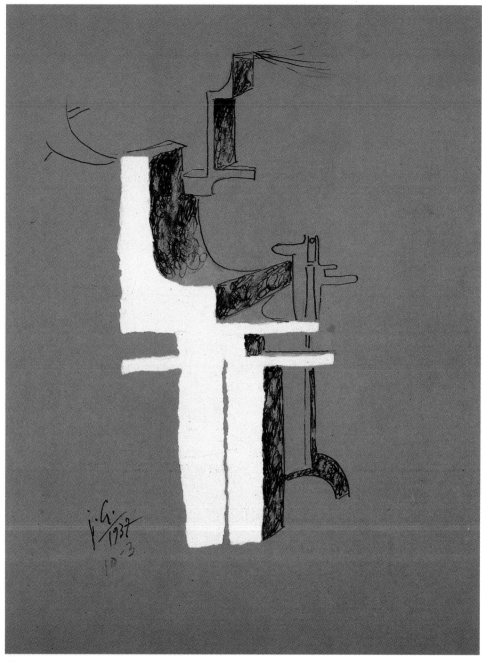

47 a

Étienne HAJDU
Né à Turda (Roumanie), 1907.

48
Tête noire

Au début des années soixante, Hajdu exécute une série de têtes de femmes, de profil et en divers matériaux, dont la pureté des formes, pleines ou évidées, évoque la mystérieuse et envoûtante simplicité des idoles primitives.

Pour Hajdu, le travail du sculpteur est indissociable de la recherche du dessinateur. Cette patiente définition du juste équilibre des pleins et des vides, des courbes et des droites, c'est d'abord dans le geste précis et immédiat du graphiste qu'il l'éprouve. D'où cette série de silhouettes exécutées au lavis d'encre de Chine : *Tête noire* (cat. exp. 1979, n° 11, repr.), *Sylvie,* (id, n° 12, repr.), *Tentative de métal V* (id., n° 14, repr.). Formulées abstraitement, ces traits évoquent assez clairement un profil féminin dont la chevelure est prétexte à une animation de surface qui trouve sa pleine mesure dans l'exécution raffinée du marbre. Hajdu s'exprime lui-même sur sa démarche. « Dans les silhouettes, il y a le contour. C'est lui qui produit le dynamisme de la sculpture. Chaque courbe, chaque contre-courbe, compte. C'est pourquoi je recommence plusieurs fois les mêmes dessins en travaillant les angles. La force de la sculpture provient de leur contrepoint, du balancement continu des angles et des courbes... Je pars souvent de la silhouette : à partir d'elle, je suggère... Le spectateur la recrée en volume, à volonté. Le dessin m'aide dans ce travail puisque le support est plan... En général, dans mes dessins c'est le noir qui donne la lumière et le blanc qui donne la forme... Je n'attaque pas le bloc comme ça, par inspiration. Alors, pour l'exécution, je dessine exactement, mais je garde une possibilité de changer de route. Puis je fais un calque, je le transfère ». (Hajdu, conversation avec P. Georgel in cat. exp. 1979).

48a. *Tête noire, étude*

Lavis sur papier. H. 0,57 ; L. 0,90. Signé en bas à droite, daté *1961*.
Hist. : Don de l'artiste, 1980.
Inv. : 80.4.2.
Exp. : Paris, Musée National d'Art Moderne, 1979, n° 11, repr. p. 14. - Rennes, 1983, n° 32, repr.

Rennes, Musée des Beaux-Arts.

48b. *Tête noire*

Marbre noir. H. 0,52 ; L. 0,76. Signé sur le marbre et sur le socle.
Hist. : Exécutée 1961. Achat de l'artiste en 1980.
Inv. : 80.4.1.
Exp. : Rennes, 1983, n° 31, repr.

Rennes, Musée des Beaux-Arts.

48 b

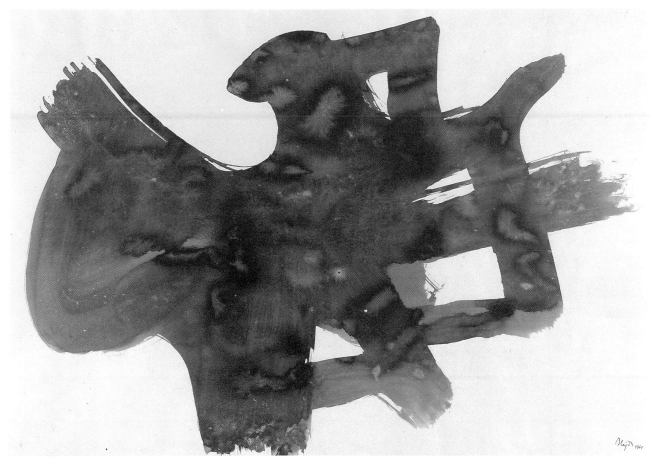

48 a

Robert GROBORNE
Né à Alger, 1939.

49
Projets pour une sculpture

Cette suite de soixante-dix dessins (dont six appartiennent au Musée des Beaux-Arts de Rennes) tous datés précisément, se présente comme la chronique graphique d'une gestation. C'est en effet l'histoire d'une ligne qui nous est contée, depuis le 22 janvier 1980 jusqu'au 16 août 1981, y compris une interruption de onze mois. « Un seul et même dessin, un seul et long dessin. La ligne se perpétue de feuille en feuille, indifféremment scandée, soigneusement rythmée. Une seule ligne se répète troublée, distraite par des biffures, autant d'échecs tellement réussis, autant d'échecs aux « pyramides de bronze » qui déjouent pour quelque temps le dessin » (Claire Stoullig, in cat. exp. 1982).

Cette longue et patiente recherche n'aboutira pas à la réalisation d'une sculpture. Cet échec n'est pas lié à une difficulté technique ou à un manque de matériau, mais résulte d'une volonté de l'artiste de ne pas exécuter cette œuvre dont on ne sait rien, ni de sa matière, ni de ses dimensions, ni de son volume. Il reste néanmoins l'essentiel de ce rêve méthodiquement conduit (trop méthodiquement conduit?) : une série d'œuvres calligraphiées dont la vibration de la ligne, l'équilibre des pleins et des déliés nous retracent cette quête passionnée d'une forme qui n'existera jamais.

49a. Projet pour une sculpture n° 05880 A (27 février 1980)
Encre de Chine sur papier. H. 0,57 ; L. 0,77.
Hist. : Don de l'artiste, 1982.
Inv. : 82.3.1.
Exp. : Rennes, 1982, n° 25, repr.
Rennes, Musée des Beaux-Arts.

49b. Projet pour une sculpture n° 19981 A (18 juillet 1981).
Encre de Chine sur papier. H. 0,505 ; L. 0,66.
Hist. : don de l'artiste, 1982.
Inv. : 82.3.3.
Exp. : Rennes, 1982, n° 28, repr.
Rennes, Musée des Beaux-Arts.

49c. Projet pour une sculpture n° 22781 A (15 août 1981)
Encre de Chine sur papier. H. 0,505 ; L. 0,66.
Hist. : don de l'artiste, 1982.
Inv. : 82.3.6.
Exp. : Rennes, 1982, n° 30, repr.
Rennes, Musée des Beaux-Arts.

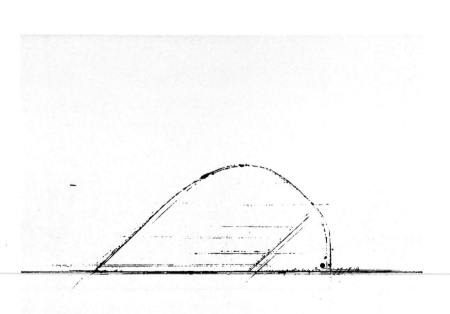

49 a

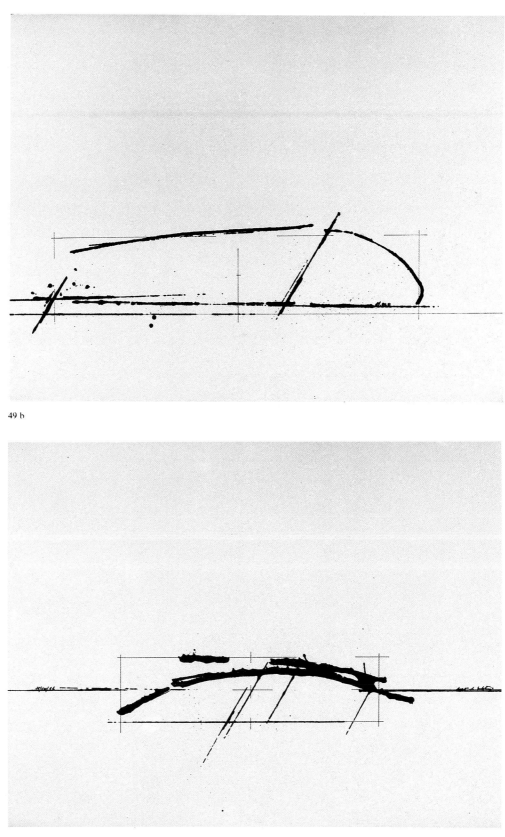

49 b

49 c

Répertoire

Établi par Manuéla Masquelier

Ce répertoire recense les peintures et les dessins des collections du Musée des Beaux-Arts de Rennes dont des études préparatoires ont été repérées ou qui constituent eux-mêmes des études.

I - Peintures

ALLEAUME, Ludovic
(Angers, 1859-1941)

Espoir de retour
Huile sur toile. H. 0,88 ; L. 1,16. s.d. *35.*
Hist. : Don de l'auteur, juillet 1938.
Inv. : 38.70.1.
Exp. : Paris, Salon des Artistes Français, 1935.

Œuvres préparatoires en rapport :

Étude pour Espoir de Retour
Huile sur papier, mis au carreau à la mine de plomb. H. 0,22 ; L. 0,25. Signé.
Hist. : Don des Amis du Musée de Rennes, 1982.
Inv. : 82.9.1.
Exp. : Rennes, 1983, n° 11, repr.

Étude pour Espoir de Retour
Mine de plomb et lavis. H. 0,23 ; L. 0,20. Signé.
Hist. : Don des Amis du Musée de Rennes, 1982.
Inv. : 82.9.2.
Exp. : Rennes, 1983, n° 12, repr.

Étude pour Espoir de Retour
Mine de plomb et craie blanche. H. 0,34 ; L. 0,41. Signé.
Hist. : Don des Amis du Musée de Rennes, 1982.
Inv. : 82.9.3.
Exp. : Rennes, 1983, n° 13, repr.

Tête et main, études
Mine de plomb et craie blanche. H. 0,36 ; L. 0,25. Signé.
Hist. : Don des Amis du Musée de Rennes, 1982.
Inv. : 82.9.4.
Exp. : Rennes, 1983, n° 14, repr.

Main, étude
Mine de plomb et craie blanche et couleur. H. 0,36 ; L. 0,25. Signé.
Hist. : Don des Amis du Musée de Rennes, 1982.
Inv. : 82.9.5.
Exp. : Rennes, 1983, n° 15, repr.

BLIN, Francis
(Rennes, 1827 - Rennes, 1866)

Souvenir de la Creuse
Huile sur toile. H. 1,30 ; L. 1,95. s.d.b.g. 186...
Inv.: 863.2.1.

Une esquisse de ce tableau, propriété de la famille du peintre en 1872 fut présentée à l'Exposition Artistique et des Arts Appliqués au Travail, Rennes, 1872, n° 165. Non localisée.

BOEL, Pieter
(Anvers, 1622 - Paris, 1674)

4 esquisses sans œuvre en rapport connue :

Une marmotte et trois cigognes
Huile sur toile. H. 0,73 ; L. 0,94.
Inv. :D. 892.1.1.

Trois chats sauvages et tête de loup
Huile sur toile. H. 0,80 ; L. 1,00.
Inv. : D. 892.1.2.
Bibl. : Cat. expo. *Le Siècle de Rubens,* Paris, 1977, repr.

Un vautour
Huile sur toile. H. 0,75 ; L. 0,88.
Inv. : D. 892.1.3.
Bibl. : Cat. expo. *Le Siècle de Rubens*, Paris, 1977, repr.

Deux porcs-épics et une tête
Huile sur toile. H. 0,77 ; L. 0,92.
Non signé.
Inv. : D. 895.3.1.
Bibl. : Cat. expo. *Le Paradis terrestre,* Anvers, Sté Royale de Zoologie, oct. nov. 82.

BOULOGNE, Louis de
(Paris, 1654 - Paris, 1733)

Le Christ guérissant l'Hémorroïsse
Huile sur toile. H. 3,50 ; L. 2,00. s. « Boulogne Le Jeune ».
Hist. : Recueilli par Lenoir en provenance des Chartreux. Envoi au Musée de Rennes en 1806 sous le titre « La Cananéenne ».
Inv. : 811.1.7.
Bibl. : Montgolfier, 1964, pp. 199-216.
Exp. : Paris, Carnavalet, 1987, n° 86.

Esquisse en rapport :

Le Christ guérissant l'Hémorroïsse.

Huile sur toile. H. 0,37 ; L. 0,22.
Hist. : Acquise en 1979.
Inv. : p. 2153.
Paris, Musée Carnavalet

CAILLEBOTTE, Gustave
* *Esquisse pour le Pont de l'Europe*
Cf. cat. n° 21

CHAIGNEAU, Jean-Ferdinand
(Bordeaux, 1830 - Barbizon, 1906)

Décembre, le carrefour de l'Épine, forêt de Fontainebleau
Huile sur toile. H. 1,16 ; L. 1,81. s.d.g.
Inv. : 865.1.2.
Bibl. : Cat. expo. *Hommage à F. Chaigneau,* Barbizon, 1985, n° 51, repr. Œuvres préparatoires en rapport.

Étude au carrefour de l'Épine, dans la forêt de Fontainebleau, l'hiver.

Exposée au Salon de 1861.
Non localisée.

Berger portant un fagot sous le bras
Crayon sur papier gris avec rehauts de blanc.
Dessin préparatoire pour le berger.
Bibl. : Cat. expo. *Hommage à F. Chaigneau,* Barbizon, 1985, n° 134, repr. Donation A. Bachelet, Musée de Barbizon.

CHALETTE, Jean-Bernard
* *Allégorie de la Révolte du Papier timbré*
Cf. cat. n° 27.

CORNEILLE, Michel II
* *Vocation de saint Pierre et saint André*
Cf. cat. n° 26.

COTTET, Charles
(Le Puy, 1863 - Paris, 1924)

Femmes de Plougastel au pardon de Sainte-Anne-la-Palud
Huile sur toile. H. 1,20 ; L. 1,60. s.d. 1903.
Inv. : 72.12.2.
Bibl. : Cat. expo. *Charles Cottet,* Quimper, Musée des Beaux-Arts, 1984.

Autre esquisse :

Femmes de Plougastel.
Paris, collection particulière

Œuvre définitive.

Femmes de Plougastel au pardon de Sainte-Anne-la-Palud.
Ancienne collection Musée Buffalo, USA. Vente Christie's New York, 28 mai 1982. Aujourd'hui collection particulière, USA.

DROUAIS, Jean-Germain
(Paris, 1763 - Rome, 1788)

Jésus chassant les marchands du Temple
Huile sur toile. H. 0,38 ; L. 0,46.
Hist. : Acquis en 1986
Inv. : 86.3.1.
Bibl. : Ramade (P.),*Burlington Magazine,* à paraître
Étude sans œuvre en rapport connue.

ELLE, Louis le Jeune Ferdinand le Jeune (dit)
(Paris, 1648 - Rennes, 1717)

Présentation de la Vierge au temple
Huile sur toile. H. 3,06 ; L. 2,21. s.d. 1702.
Inv. : 794.6.5.
Bibl. : Cat. expo. Rennes, 1980, p. 50.

Œuvre préparatoire en rapport

Purification de la Vierge.
Pierre noire et rehauts de blanc. H. 0,42 ; L. 0,25.
Hist. : Collection du président de Robien. Saisi à
la Révolution, entré au Musée en 1794.
Inv. : 794.1.2659.
Rennes, Musée des Beaux-Arts.

GIAQUINTO, Corrado
(Molfetta, 1703, Naples, 1765)

* *Vénus et Vulcain*
Cf. cat. n° 18.

GORGUET, Auguste-François
(Paris, 1862 - Paris 1927)

La bataille des Vénètes à Vannes
Huile sur toile. H. 5,30 ; L. 1,65.
Inv. : D.25.1.2.

Carton pour *La bataille des Vénètes à Vannes.*
Tapisserie.
Grand Chambre du Parlement. Palais du Parlement de Rennes.

Jeanne de Montfort présentant son fils
Huile sur toile. H. 5,30 ; L. 2,65.
Inv. : D.25.1.3.

Carton pour *Jeanne de Montfort présentant son fils.*
Tapisserie.
Grand Chambre du Parlement. Palais du Parlement de Rennes.

Entrée de Henri IV à Brest
Huile sur toile. H. 5,45 ; L. 2,65.
Inv. : D.25.1.1.

Carton pour *Entrée d'Henri IV à Brest.*
Tapisserie.
Grand Chambre du Parlement. Palais du Parlement de Rennes.

Œuvre préparatoire en rapport :

Tête d'homme
Étude pour un des porteurs du dais. Sanguine et rehauts de blanc.
Inv. : 87.3.1.
Au verso tête de femme.

HENNER, Jean-Jacques
* *Portrait de Mademoiselle Gadiffet-Caillard*
Cf. cat. n° 22.

JOUVENET, Jean-Baptiste
* *Triomphe de la Justice*
Cf. cat. n° 37.

LAGRENÉE, Jean-Jacques (dit le Jeune)
(Paris, 1739 - Paris, 1821)

La fuite en Égypte
Huile sur toile. H. 0,89 ; L. 1,17.
Inv. : 85.11.1.
Bibl. : Ramade, 1986.

Œuvre préparatoire en rapport :

Repos pendant la fuite en Égypte.
Plume, lavis et rehauts de blanc sur papier bleu.
H. 0,46 : L. 0,70.
Inv. : 86.7.1.
Bibl. : Ramade, 1986.
Dessin préparatoire d'ensemble.
Rennes, Musée des Beaux-Arts.

LANSYER, Emmanuel
(Ille-Bouin, 1835 - Paris, 1893)

Le Luisant, côte de Granville (Manche)
Huile sur toile. H. 1,27 ; L. 1,76. s.d.g. Lansyer 80.
Inv. : 880.63.1.
Bibl. : Delouche, 1975, t. II, p. 753, d/354

4 dessins des personnages du tableau :

Études n° 771², 771³, 771⁴ et 771⁵, crayon noir sur papier gris bleu. H. 0,47 ; L. 0,31. 1880, 3 février.
Loches, Musée Lansyer.

LE BRUN, Charles
(Paris, 1619 - Paris, 1690)

Descente de Croix
Huile sur toile. H. 5,45 ; L. 3,29.
Inv. : 811.1.1.
Bibl. : Cat. expo. *Le Brun 80,* Rennes, Musée des Beaux-Arts, 1980.

Études préparatoires :

Étude pour le personnage de saint Jean
Sanguine avec rehauts de blanc, pierre noire.
H. 0,42 ; L. 0,27.
Inv. : 29106.
Musée du Louvre.

Étude pour le personnage de saint Jean
Sanguine avec rehauts de blanc. H. 0,45 ; L. 0,30.
Inv. : 29206.
Musée du Louvre.

Étude pour le personnage de saint Jean
Sanguine avec rehauts de blanc sur papier beige.
H. 0,44 ; L. 0,40.
Inv. : 29204.
Musée du Louvre.

Étude pour le personnage de saint Jean
Sanguine avec rehauts de blanc, sur papier beige.
H. 0,45 ; L. 0,39.
Inv. : 29205.
Musée du Louvre.

Étude pour le personnage de saint Jean
Pierre noire avec rehauts de blanc sur papier beige. H. 0,45 ; L. 0,40.
Inv. : 29284.
Musée du Louvre.

Étude pour le personnage de saint Jean
Sanguine sur papier beige. H. 0,21 ; L. 0,20.
Inv. : 29071.
Musée du Louvre.

Étude pour la Vierge
Sanguine avec rehauts de blanc. H. 0,46 ; L. 0,30.
Inv. : 29202.
Musée du Louvre.

Composition d'ensemble
Lavis gris sur esquisse à la pierre noire avec rehauts de blanc. H. 0,53 ; L. 0,38.
Inv. : 29415.
Musée du Louvre.

LE MOAL, Jean
(Né en 1909 à Authon-du-Perche)

Maquette du vitrail du chevet de l'église Notre-Dame de Rennes
Huile sur toile marouflée. H. 0,78 ; L. 0,45. s.d., 1956.

Inv. : 79.1.16

* *Étude pour la verrière du chœur de la cathédrale de Saint-Malo*
Cf. cat. n° 41.

LE SUEUR, Eustache
(Paris, 1617 - Paris, 1655)

Agar et l'ange
Huile sur toile. H. 1,58 ; L. 1,14.
Inv. : D.55.5.2.
Bibl. : Ramade, 1979.

Œuvre préparatoire en rapport :

Étude pour Agar et l'ange
Plume et lavis gris. H. 0,28 ; L. 0,25.
Inv. : 5672.
Bibl. : Fé, 1961, pp. 264-73, repr. fig. 4. - Ramade, 1979.
Musée du Louvre.

LUMINAIS, Évariste Vital
(Nantes, 1822 - Paris, 1896)

La chevauchée de saint Guénolé et du roi Gradlon
Huile sur toile. H. 0,50 ; L. 0,70. s.d.g.
Inv. : 62.19.1.

Esquisse pour :

Fuite du roi Gradlon
Huile sur toile. H. 2,00 ; L. 3,10.
Inv. : 1588.
Quimper, Musée des Beaux-Arts.

Autre esquisse connue :

Fuite du roi Gradlon
Huile sur toile. H. 0,54 ; L. 0,65. s.b.g.
Paris, Galerie Élysée Miromesnil (1985).

MAUFRA, Maxime
(Nantes, 1861 - Poncé, 1918)

Pont-Aven, ciel rouge
Huile et pastel sur papier marouflé. H. 0,32 ;
L. 0,47. s.d.g. Maufra 92.
Inv. : 78.6.1.2.
Bibl. : Ramade, 1978.

Œuvres en rapport :

Pont-Aven, ciel rouge
Huile sur carton marouflé sur bois. H. 0,33 ;
L. 0,45. s.d.b.g. Maufra 92.
Inv. : 64.4.1.
Brest, Musée des Beaux-Arts.

Étude
Fusain. H. 0,25 ; L. 0,32.
Paris, collection particulière.

Étude
Fusain. H. 0,25 ; L. 0,32.
Paris, collection particulière.

Étude
Fusain et pastel. H. 0,40 ; L. 0,55.
Paris, collection particulière.

A ces œuvres s'ajoute un dessin inédit :

Étude
Fusain. H. 0,25 ; L. 0,32.
Paris, collection particulière.

MEYNIER, Charles
(Paris, 1768 - Paris, 1832)

Alexandre le Grand cédant Campaspe à Appelle
Huile sur toile. H. 1,11 ; L. 1,45. s.b.d.g. Meynier
1822
Inv. : 822.1.1.

Œuvre préparatoire en rapport :

Alexandre le Grand cédant Campaspe à Appelle
Plume et encre noire sur traits de pierre noire,
lavis d'encre. H. 0,40 ; L. 0,48.
Inv. : ES13.
Dijon, Musée des Beaux-Arts.

NATOIRE, Charles Joseph
* *Prédication de saint Étienne*
Cf. cat. n° 10.

PO, Giacomo del
* *La Gloire chassant les Vices*
Cf. cat. n° 38.

SALLAERT, Anthonie
* *Alexandre devant Diogène*
Cf. cat. n° 17.

SÉRUSIER, Paul
(Paris, 1864 - Morlaix, 1927)

Solitude
Huile sur toile. H. 0,75 : L. 0,60.
Hist. : Collection Mme Paul Sérusier. - Collection Mlle Boutaric, Paris. - Acquis en 1968.
Inv. : 68.3.1.
Bibl. : Guicheteau, 1976. - Ramade, 1979, p. 363, repr.

Œuvre préparatoire en rapport :

Petite bretonne dans le Bois d'Amour ou Solitude
Fusain. H. 0,29 ; L. 0,25. S.b.d. des initiales.
Hist. : Collection J. Cottel. - Vente Versailles, 19/10/1986, n° 44.
Exp. : Paris, 1962. - Pont-Aven, 1963, n° 89.
Bibl. : Inédit.
Collection particulière.

SIMON, Lucien
(Paris, 1861 - Paris, 1945)

Le Passeur
Gouache sur papier marouflé sur toile. H. 0,65 :
L. 0,81. s.b.d. L. Simon, 1907.
Inv. : 74.33.1.

Œuvres en rapport :

Le Passeur
Gouache sur papier marouflé sur toile. H. 1,02 ;
L. 1,37.
Rennes, collection particulière.

Le Passeur
Reproduite dans Aubert, 1924, p. 15.
Localisation inconnue.

SIMON, Lucien
(Paris, 1861 - Paris, 1945)

Les Gerbes
Huile sur toile. H. 0,45 ; L. 0,69. s.d.b. 1913.
Inv. : 74.33.2.

Œuvre définitive en rapport :

Les Gerbes
Bibl. : Aubert, 1924, repr. p. 23
Localisation inconnue.

SOLIMENA, Francesco (Abbate Ciccio dit)
(Nocera, 1657 - Barra, 1747)

Christophe Colomb arrivant en Amérique
Huile sur toile. H. 0,62 ; L. 0,49. s.b.c. 1715.
Inv. : 09.6.4.2.

Esquisse pour :

Christophe Colomb arrivant en Amérique
Salle du Conseil du Palais Ducal de Gênes.
Détruite lors de l'incendie de 1777.

TIEPOLO, Giovanni Battista (attr. à)
(Venise, 1692 - Madrid, 1770)

Saint Maxime et Saint Oswald
Huile sur toile. H. 0,58 ; L. 0.30.
Inv. : D.53.1.1.
Bibl. : Morassi, p. 45.

Une des sept esquisses pour le maître-autel de l'église San Massimo de Padoue.

Œuvres en rapport :

Esquisse, collection Rusicka à Zürich.
Esquisse, Academia Carrare, Bergame.
Esquisse, National Gallery, Londres.
Esquisse, Vente F. Cavendish Bentinck, Londres, 1947, n° 24.
Esquisse, collection Thienne, San Remo.
Esquisse, collection Pasquinelli, Milan.

Œuvre définitive toujours en place :

Saint Maxime et saint Oswald
Maître-autel de l'église San Massimo de Padoue.

TIEPOLO, Giovanni Battista (attr. à)
(Venise, 1692 - Madrid, 1770)

Saint Augustin, saint Louis et un saint évêque
Huile sur toile. H. 0,58 ; L. 0,34.
Inv. : D.53.1.2.
Bibl. : Morassi, p. 45.

Œuvres en rapport au Musée des Beaux-Arts de Lille, à la National Gallery, Londres, à la Art Gallery de York.

TOUDOUZE, Édouard
(Paris, 1848 - Paris, 1907)

Duguesclin sur son lit de mort
Huile sur toile. H. 5,50 ; L. 7,80.
Inv. : 13.114.1.

Carton pour :

Duguesclin sur son lit de mort
Tapisserie.
Grand Chambre du Parlement, Palais de Justice de Rennes.

ZIEM, Félix
(Beaune, 1821 - Paris, 1911)

Venise, le Palais Cavallo
Huile sur bois. H. 0,49 ; L. 0,73. s.b.d. Ziem, n.d.
Inv. : 06.27.38.

Esquisse pour (?) :

Le Palais Franchetti à Venise
Huile sur toile. H. 0,54 ; L. 0,75 s.b.d. Ziem, n.d.
Vente collection Orosdi, hôtel Drouot, 25 mai 1923.
Bibl.: Miquel, 1978, n° 943 D, p. 148
Œuvre non localisée.

ÉCOLE ITALIENNE XVIIIᵉ SIÈCLE

Extase de saint François
Huile sur toile maroufflée sur carton. H. 0,39 ;
L. 0,24.
Inv. : 73.10.2.
Esquisse sans œuvre en rapport connue.

ÉCOLE ITALIENNE XVIIIᵉ SIÈCLE

Vision de saint Antoine de Padoue - Apparition de la Vierge avec l'enfant Jésus
Huile sur toile marouflée sur carton. H. 0,39 ; L. 0,24.
Inv. : 73.10.3.
Esquisse sans œuvre en rapport connue.

II - Dessins

AMALTEO, Pomponio
(Molta di Livenza, 1505 - San Vito (Frioul), 1588)

Le sacrifice d'Abraham
Plume et lavis d'encre grise, de gouache blanche.
H. 0,15 ; L. 0,11.
Hist. : Collection du président de Robien. Saisi à la Révolution, entré au Musée en 1794.
Inv. : 794.1.2894.
Bibl. : Cohen, 1973, n° 32, p. 252, repr. 8.

Étude pour un pendentif de la coupole, San Vito, al Tagliamento, église Santa Maria dei Battisti.

BAROCCI, Federico
* *Étude d'épaule*
Cf. cat. n° 5.

BEDOLI, Girolamo (dit aussi Mazzola ou Mazzuola ou Mazzolino Bedoli)
(Parme, 1500 - Parme, 1569)

Sainte Cécile
Mine de plomb, lavis brun, rehauts de gouache blanche, mis au carreau à la mine de plomb.
H. 0,20 ; L. 0,17.
Hist. : Collection du président de Robien. Saisi à la Révolution, entré au Musée en 1794.
Inv. : 794.1.2909.
Bibl. : Popham, 1971, n° 32, p. 47. - Giampaolo, 1980, p. 86, repr. n° 1.

Étude pour : *Sainte Cécile.*
Peinture à Fresque.
Parme, église San Giovanni Evangelista.

CANINI, Giovanni-Angelo
(Rome, 1617 - Rome, 1666)

Deux anges au-dessus d'un paysage
Dessin lavé de bistre avec rehauts de blanc.
H. 0,22 ; L. 0,23.
Hist. : Collection du président de Robien. Saisi à la Révolution, entré au Musée en 1794.

Inv. : 794.1.3105.
Bibl. : Turner, 1978, repr. pl. 3b

Étude pour le sacrifice d'Abraham réalisé au Palais du Quirinal, Rome, Galerie Alexandre VII en 1656-1657.

CARRACHE, Ludovici (Carracci dit)
(Bologne, 1555 - Bologne, 1619)

Visitation
Mine de plomb, plume, rehauts de blanc. H. 0,26 ; L. 0,21.
Hist. : Collection du président de Robien. Saisi à la Révolution, entré au Musée en 1794.
Inv. : 794.1.3114.

Étude pour une *Visitation,* un des Mystères du Rosaire, Bologne, église San Domenico.

CHASSÉRIAU, Théodore
(Sainte Barbe de Semana (Amérique du Sud), 1819 - Paris, 1856)

Hommes et femmes marchant près d'un bœuf
Mine de plomb. H. 0,14 ; L. 0,21.
Hist. : Acquis chez Paul Prouté, 1970.
Inv. : 70.33.35.
Bibl. : Gazette Beaux-Arts, février 1971, n° 75. - Bergot, 1973, p. 60.

Il s'agit en fait d'un croquis exécuté sans doute en juillet 1839 par Chassériau lors d'un séjour à La Varnède. Notre dessin, selon L.A. Prat qui prépare le catalogue des dessins de Chassériau du Louvre, est à rapprocher d'une feuille du Louvre : *Moissonneurs et charrette de foin. Inv:* RF 25314, et sans rapport avec aucun décor connu.

CORREGE, (Antonio Allegri) dit il Correggio
(Correggio, 1489 - Correggio, 1534)

* *Saint Marc*
Cf. cat. n° 31.

CORTONA, Pietro di
* *Sainte Bibiane*
Cf. cat. n° 33.

DELAFONTAINE, Pierre-Maximilien
(Paris, 1774 - Paris, 1860)

Le Déluge
Plume et lavis brun. H. 0,28 ; L. 0,22 ; S.d. an VI.
Hist. : Appartient à l'album Drouais, f. 316, n° 429. - Acquis en 1974.
Inv. : 74.73.429.
Bibl. : Sérullaz, 1976, p. 382, repr. 1.
N'a figuré dans aucune exposition.

Étude pour : *Le Déluge.*
Huile sur toile. H. 2,72 ; L. 1,80.
Exp. : Salon de 1798, n° 106.
Bibl. : Mirimonde, 1956, p. 31, repr.1.
Gray, Musée de la Ville.

DIEPENBEECK, Adriaen van
(Bois-le-Duc, 1596 - Anvers, 1675)

Distribution d'aumônes
Plume, encre brune et grise. H. 0,12 ; L. 0,16.
Hist. : Collection du président de Robien. Saisi à la Révolution, entré au Musée en 1794.
Inv. : 794.1.3250.
Bibl. : Steadman, 1982, fig. 12, p. 65.

Étude pour : *Quatre saints distribuant des aumônes.*
Huile sur bois. H. 0,41 ; L. 0,30.
Inv. : 676.
Bibl. : Steadman, 1982, fig. 12, p. 65.
John G. Johnson, Philadelphia Museum of Art, Philadelphia.

ÉCOLE DE FONTAINEBLEAU
* *Chasse de Diane*
Cf. cat. n° 32.

ÉCOLE DE FONTAINEBLEAU
* *Orion*
Cf. cat. n° 32.

ELLE, Louis-Ferdinand, dit le Jeune
(Paris, 1648 - Rennes, 1717)

Purification de la Vierge
Pierre noire et rehauts de blanc. H. 0,42 ; L. 0,25.
Hist. : Collection du président de Robien. Saisi à la Révolution, entré au Musée en 1794.
Inv. : 794.1.2659.
Exp. : Rennes, 1980, n° 25, repr.

Œuvres en rapport : *Présentation de la Vierge au Temple* (1702).
Huile sur toile. H. 3,06 ; L. 2,21.
Rennes, Musée des Beaux-Arts.
Voir répertoire peintures.

FENZONI, Ferrau
(Faenza, 1562 - Faenza, 1645)

Étude de bras, main et tête
Mine de plomb, pierre noire et sanguine. H. 0,19 ; L. 0,26.
Hist. : Collection du Président de Robien. Saisi à la Révolution, entré au Musée en 1794.
Inv. : 794.1.3127.
Bibl. : Scarozzo, 1966, p. 14, repr. pl. 12. - Brejon, 1980, p. 68, n° 49.
Exp. : Rennes, 1978, n° 207.
Rennes, Musée des Beaux-Arts.

Étude d'un des apôtres de l'*Assomption*, fresque de Gatti, cathédrale de Crémone (1573).

FETTI,
* *Étude pour le Fils Prodigue*
Cf. cat. n° 7.

GALIMARD, Auguste
(Paris, 1813 - Montigny-Les-Corneill, 1880)

Étude d'ange
Dessin au crayon noir, rehauts de blanc sur papier bis. Mis au carreau. H. 0,44 ; L. 0,42. Signé et daté, 1843, en bas, à droite sur le support, au crayon noir.
Hist. : Don Galimard-Joubert, septembre 1905.

Inv. : 05.16.6.D.
Bibl. : Inédit.

Étude pour : *Vierge aux douleurs.* Sans doute celui de l'église de Jonsac en Gironde, présenté au Salon de 1849.

GATTI, Bernardino
(Pavie, v. 1495 - Crémone, 1575)

Homme debout de dos et drapé
Plume et lavis brun, pierre noire, rehauts de blanc sur papier teinté. H. 0,41 ; L. 0,23.
Hist. : Collection du président de Robien. Saisi à la Révolution, entré au Musée en 1794.
Inv. : 794.1.2512.
Bibl. : Cat. exp. Paris, Rennes, 1972, n° 12.
Rennes, Musée des Beaux-Arts.

Étude d'un des apôtres de l'*Assomption*, fresque de Gatti, cathédrale de Crémone, (1573).

GAULLI, Giovanni-Battista (dit Baciccia ou Baciccio ou le Bachiche)
(Gênes, 1639 - Rome, 1709)

Loth et ses filles
Plume, lavis de bistre. H. 0,14 ; L. 0,21.
Hist. : Collection du président de Robien. Saisi à la Révolution, entré au Musée en 1794.
Inv. : 794.1.3132.
Bibl. : Inédit.

Étude pour : *Loth et ses filles.* Copie à Bob Jones University, Greenville, South Caroline (Inv. 463).

GHIRLANDAIO, Domenico
(Florence, 1449 - Florence, 1494)

Femme vue de dos, draperie
Pointe d'argent, lavis brun, rehauts de gouache, sur fond préparé rose. H. 0,27 ; L. 0,12.
Hist. : Collection du président de Robien. Saisi à la Révolution, entré au Musée en 1794.
Inv. : 794.1.2505.
Bibl. : Berenson, 1961, n° 888, A. fig. 273.
Exp. : Paris, Rennes, 1972, n° 5, pl. V.

Étude pour l'*Appel des Apôtres* (1482), Vatican, Chapelle Sixtine, reprise également dans le *Sermon de Saint Jean-Baptiste* (1486-90) Florence, Santa Maria Novella.

GODET, Camille
(?, 1879 - ? 1966)

Poilu
Fusain et aquarelle gouachée sur papier blanc. H. 0,88 ; L. 0,60. Signé à l'aquarelle bleue (en bas, à droite), daté 1920.
Hist. : Acquis par la ville en 1922, sans doute directement de l'artiste.
Inv. : 22.61.1.
Bibl. : Inédit

Étude pour le décor de la salle dite « Panthéon rennais », Hôtel de Ville de Rennes, réalisé en 1922.

HAJDU, Étienne
* *Étude pour tête noire*
Cf. cat. n° 47.

LAURENT, Ernest
(Paris, 1859 - Paris, 1929)

Distribution d'aumônes
Crayon noir et pastel. H. 0,38 ; L. 0,26. Non signé, non daté, Au dos, esquisse d'une composition religieuse.
Hist. : Don de Pierre Laurent, 1965.
Inv. : 65.1.2.
Bibl. : Inédit

Étude pour une peinture de la Salle des Auditeurs à la Sorbonne.

LEMORDANT, Jean-Julien
    * *Étude pour le rideau de scène du théâtre de Rennes.*
    Cf. cat. n° 40.

LIPPI, Filippo
    * *Étude pour un roi à genoux*
    Cf. cat. n° 1.

MOLA, Pier Francesco
    (Coldrerio, 1612 - Rome, 1666)

    Retour des Emissaires de la Terre Promise
    Plume, sanguine et lavis brun. H. 0,19 ; L. 0,26.
    Hist. : Collection du président de Robien. Saisi à la Révolution, entré au Musée en 1794.
    Inv. : 794.1.2529.
    Bibl. : Vitzthum, 1961, p. 517. - Cocke, 1969, p. 712-719, repr. p. 718, fig. 13.
    Exp. : Rouen, 1961, n° 165. - Rennes, 1972, n° 29, pl. XVII.

    Une des études pour la décoration du Palais Colonna.

OSTADE, Adriaen (van)
    * *Faiseuse de koukes*
    Cf. cat. n° 9.

PUGET, Pierre
    * *Étude pour Milon de Crotone*
    Cf. cat. n° 44.

RAYNAUD, Patrick
    (Né à Carcassonne en 1946)

    Maquette pour « Service à dessert », en 1980
    Crayon de couleur (rose, jaune, bleu, vert, rouge), fusain, mine de plomb sur papier bristol quadrillé, découpé et plié pour obtenir un effet de relief. H. 0,42 ; L. 0,63.
    Hist. : Don de l'artiste.
    Inv. : 82.7.2.
    Exp. : Rennes, 1982, n° 13, repr.

    Étude pour *Service à dessert.*

ROSA, Salvator
    * *Job insulté par la foule*
    Cf. cat. n° 8.

RUBENS, Pierre-Paul
    * *Étude pour la Descente de Croix*
    Cf. cat. n° 16.

SACCHI, Andrea
    * *Deux têtes de femme*
    Cf. cat. n° 34.

SALVIATI, (Francesco de'Rossi dit)
    (Florence, 1510 - Rome, 1563)

    Brennus plaçant son épée dans la balance
    Plume et lavis brun. H. 0,30 ; L. 0,26. Collé en plein sur un montage avec filets à la plume, bordure de papier teinté vert et encadrement de papier bleu ; annoté à l'encre brune en bas, à gauche : *169* et à droite : *Jule Romain.*
    Hist. : Ancienne collection du président de Robien. Saisi à la Révolution, entré au Musée en 1794.
    Inv. : 794.1.2516.
    Bibl. : Monbeig-Goguel, 1972, p. 141, n° 175.
    Exp. : Rennes, Paris, 1972, n° 16. - Rennes, 1974, II, 57, p. 44.

    Étude pour *Brennus plaçant son épée dans la balance.*
    Fresque de la Sala dell'Udienza, Florence, Palazzo Vecchio.

SIMON, Lucien
    (Paris, 1861 - Paris, 1945)

    Étude de bigouden
    Aquarelle sur papier blanc. H. 0,38 ; L. 0,49.
    Signé en bas, à droite.
    Inv. : 53.4.1.

    Étude pour *La Récolte des Pommes de Terre.*
    Grande esquisse d'ensemble. 1907.
    Musée des Beaux-Arts, Nantes.

    L'œuvre définitive n'est pas localisée.

VERDIER, François
    (Paris, v. 1651 - Paris, 1730)

    Le Dieu Mars
    Pierre noire, rehauts de blancs. H. 0,20 ; L. 0,26.
    Hist. : Collection du président de Robien. Saisi à la Révolution, entré au Musée en 1794.
    Inv. : 794.1.2714.
    Bibl. : Lavallée, 1938, n° 71.
    Exp. : Rennes, 1980, n° 3, repr.

    Étude pour *Portrait de François-Michel Le Tellier, marquis de Louvois soutenu par Mars et Bellone.*
    Gravure au burin de Gérard Edelinck. H. 0,51 ; L. 0,43. Paris, Bibliothèque Nationale.

VOUET, Simon
    (Paris, 1590, - Paris, 1649)

    Le Roi Salomon
    Pierre noire. H. 0,31 ; L. 0,24.
    Hist. : Collection du président de Robien. Saisi à la Révolution, entré au Musée en 1794.
    Inv. : 794.1.2720.
    Exp. : Rennes. 1984, n° 1.

    Étude pour *Le Jugement de Salomon.*
    Tapisserie pour le Palais du Louvre. Les cartons sont perdus.

    Cérès
    Pierre noire. Mis au carreau à la pierre noire. H. 0,21 ; L. 0,18.
    Hist. : Collection du président de Robien. Saisi à la Révolution, entré au Musée en 1794.
    Inv. : 794.1.2717.
    Bibl. : Lavallée, 1938, n° 19.
    Exp. : Rennes, 1980, n° 12, repr. - Rennes, 1984, n° 11. - Rennes, 1984, n° II, repr.

    Étude pour *Cérès* (1644).
    Fontainebleau, Vestibule de la Reine (détruit).

VOUET, Simon
    * *Délivrance de Saint Pierre*
    Cf. cat. n° 35.

Glossaire

Bozzetto   Terme italien employé dès le XVIIe siècle pour désigner des esquisses à l'huile spontanée, expression de la première idée en petit format et de facture libre.

Carton   Modèle à grandeur d'exécution de l'œuvre définitive (peinture, tapisserie, vitrail, décor divers), généralement un dessin qui était à l'origine exécuté d'un simple trait sur du carton, découpé et appliqué sur la surface à décorer. Les peintres substituèrent assez tôt un carton en papier plus ou moins fort.

Ébauche   Premier tracé, préparation d'une peinture dans laquelle seules les parties principales sont indiquées. Désigne aussi la première couche de peinture d'un tableau définitif.

Esquisse   Projet peint, mais aussi dessiné, d'une composition exécuté généralement en petit format et dans une facture libre, Wittkower (1967, op. cit.) a tenté de classer ce genre en cinq catégories :

— l'esquisse spontanée, expression de la première idée, à l'huile et suivie de dessins plus développés ;

— l'esquisse détaillée, faite après les dessins préparatoires, donne une expression plus exacte du projet ;

— le modello, esquisse exécutée avec soin pour le client pour donner une idée de l'aspect du projet final ;

— l'esquisse *post festum,* esquisse exécutée par l'artiste en son atelier après la peinture définitive, elle est destinée à la vente ou conservée comme souvenir ;

— l'esquisse autonome, indépendante et sans liens avec une œuvre définitive.

Étude   Dessin ou peinture exécuté pendant la phase préparatoire d'une œuvre et généralement d'après nature.

Maquette   En sculpture désigne un modèle en relief qui représente à échelle réduite la composition définitive.

Modello   Esquisse poussée ou éventuellement répétition originale, de format réduit, d'une composition, utilisé pour donner au client une idée du projet définitif.

Répétition   Copie fidèle exécutée par l'auteur ou sous son contrôle.

Réplique   Copie avec ou sans variantes de dimensions et de composition, exécutée par l'auteur ou sous son contrôle.

Ouvrages cités en abrégé

ADHÉMAR J. — *Bibliothèque Nationale, Département des Estampes, Inventaire du Fonds Français, graveurs du seizième siècle*. Paris, 1938.

ADHÉMAR J. — *Le Dessin français au XVIe siècle*. Lausanne, 1954.

ANANOFF A. — *L'œuvre dessiné de Fragonard*, 4. t. Paris, 1961-1971.

AUBERT L. — *Lucien Simon*, Paris, 1924

AUBRUN M.-M. — *Henri Lehmann (1814-1882), portraits et décors parisiens*. 1983, 171 p. (cat. expo. Musée Carnavalet).

AUBRUN M.-M. — *Henri Lehmann, catalogue raisonné de l'œuvre*, 2 tomes. Nantes, 1984.

AUQUIER Ph. — *Pierre PUGET*, s.d.

AUZAS P.-M. — « Les quatre Mays des trois Corneille « in *Revue du Louvre*». 1961, n° 4-5, pp. 187-196.

BALLU R. — *Catalogue des œuvres de Thomas Couture exposées au Palais de l'Industrie*, Paris. 1880.

BALUFFE — « Henri Lehmann. 1814-1882 » in *L'Artiste*, t. 115, 1882.

BARBIER N. — « Nouvelles présentations au Musée des Beaux-Arts de Rennes : une ouverture sur l'art du XXe siècle », in *Bulletin des Amis du Musée de Rennes*, n° 4, 1980, pp. 59-63.

BARDON F. — *Diane de Poitiers et le mythe de Diane*, Paris, 1963.

BAUDOUIN F. — *P.-P. Rubens*, Anvers, 1977.

BEAN J. — *Italian drawings in the Art Museum*, Princeton University, Princeton, 1966.

BÉGUIN S. — *L'École de Fontainebleau. Le maniérisme à la Cour de France*, Paris, 1960.

BÉGUIN S. — « Deux dessins inédits du Musée de Rennes », in *Paragone*, 1985, pp. 180-183, 5 ill.

BELLIER et AUVRAY — *Dictionnaire Général des Artistes de l'École Française*, Paris, t. 1, 1882-1887.

BERENSON B. — *The Venetian Painters of the Renaissance*, Londres, New York, 1894.

BERENSON B. — « Disegni inedite di Tommaso » in *Rivista d'Arte*, 1932.

BERENSON B. — *The drawings of the Florentine Painters*, Chicago, 1938, 3 vol., rééd. italienne, Milan, 1961, 3 vol.

BERENSON B. — *Italian pictures of the Renaissance — Central Italian and North italian Schools*. 3 vol. Londres, 1968.

BERGOT F. — « Le Musée de Bretagne », in supplément de la *Revue Française*, nov. 1964.

BERGOT F. — « Musée des Beaux-Arts, récents enrichissements », in *La Revue du Louvre*, 1973, n° 1, pp. 55-60.

BERGOT F. — « Jean Bernard Chalette, Maître-Peintre à Rennes au XVIIe » et « Propositions pour le catalogue des peintures de Jean-Bernard Chalette », in *Bulletin des Amis du Musée de Rennes*, 1979, n° 3, pp. 67-77.

BERGOT F., RAMADE P. — « Catalogue des Peintures de l'École Française du XVIIe siècle » in *Bulletin des Amis des Beaux-Arts de Rennes*, 1979, n° 3.

BERGOT F. — « Note complémentaire sur Jean-Bernard Chalette » in *Bulletin des Amis du Musée de Rennes*, 1980, n° 4, p. 17.

BERHAUT M. — *La vie et l'œuvre de Gustave Caillebotte suivie d'un essai catalographique*, Paris, 1951.

BERHAUT M. — *Caillebotte*, Paris, 1978.

BERTAUTS-COUTURE — *Thomas Couture (1815-1879), sa vie, son œuvre, son caractère, sa méthode, par lui-même et par son petit-fils*, Paris, 1932.

BEYLIÉ Général de — *Le Musée de Grenoble, peintures, dessins, marbres et bronzes*, Paris, H. Laurens, 1909.

BIALOSTOCKI J. — « The Descent from the Cross in works by P.-P. Rubens and his studio » in *Art Bulletin*, 1964, pp. 511-524.

BJURSTRÖM P. — *Drawings in Swedish Public Collections - French Drawings, XVI-XVIIe centuries*, Stockholm, 1976.

BLANC Ch. — *L'exposition Couture au Palais de l'Industrie*, Paris, 1880.

BLUNT A. — « Le nouveau Musée des Beaux-Arts de Caen » in *The Burlington Magazine*, 826, vol. CXIV, Fév. 1972, pp. 88-90.

BOIME A. — *Thomas Couture and the Eclectic Vision*, New Haven et London, Yale University Press, 1980.

BOISFLEURY S. de — « Pierre Puget dessinateur » in *Arts et Livres de Provence*, n° 78, 1971.

BONNEROT J. — *La Sorbonne, sa vie, son rôle, son œuvre, à travers les siècles*, Paris, 1927.

BORDERIE A. de la — *La Révolte du Papier timbré advenue en Bretagne, en 1675*, 1884.

BOSCHER J.-Y. — *La peinture de l'école française du XIXe siècle dans les collections du Musée des Beaux-Arts de Rennes*, Mémoire de maîtrise dactylographié, Rennes, Université de Haute-Bretagne, 1974.

BOURET J. — « Caillebotte à la Galerie des Beaux-Arts » in *Arts, Beaux-Arts Journal des Arts*, 25 mai 1951.

BOUYER R. — « Un peintre décorateur, Édouard Toudouze » in *Revue de l'Art*, t. XIX, 1906, pp. 127-142.

BOYER F. — *Le peintre Charles Natoire, sa vie, son œuvre (1700-1777)*, 2 vol. (thèse dactylographiée), Paris, 1945.

BOYER F. — *Catalogue raisonné de l'œuvre de Charles Joseph Natoire*, Archives de l'Art Français, tome XXI, 1949, n° 7.

BOYER J. — « Les collections de peintures d'Aix-en-Provence aux XVIIe et XVIIIe siècles d'après des inventaires inédits » in *Gazette des Beaux-Arts*, février 1965.

BREJON de LAVERGNÉE A. — « A propos de Jean Jouvenet » in *Bulletin des Amis du Musée des Beaux-Arts de Rennes*, n° 3, 1979, pp. 79-95.

BREJON de LAVERGNÉE A. — *Dijon, Musée Magnin, Catalogue des tableaux et dessins italiens (XV - XIXe)*, Paris, 1980.

BREJON de LAVERGNÉE - 1984, cf. Rosenberg et Brejon.

BREJON de LAVERGNÉE B. — *Musée du Louvre — Cabinet des Dessins — Inventaire Général des Dessins — École Française — Dessins de Simon Vouet*, Paris, 1987.

BRESC G. — *Catalogue du Jardin des Tuileries*, Paris, 1986.

BRIGANTI G. — *Pietro da Cortona o della pittura barocca*, Rome, 1962.

BRION M. — *Pierre Puget*, Paris, 1930.

BURCHARD L., HULST R.-A. d' — *Rubens drawings*, Bruxelles, 1963, 2 vol.

BURTY Ph. — « Exposition des Impressionnistes », in *La République Française*, 25 avril 1877.

CALIARI P. — *Paolo Veronese, sua vita e sue opere*, Rome, 1888 (2e édition, 1909).

CAMMAS S. et LACLOTTE M. — « Musée départemental de Beauvais I Peintures anciennes », in *La Revue du Louvre et des Musées de France*, 1964, n° 4-5, pp. 195-202.

Catalogue du Musée de Peinture et de Sculpture, Rennes, 1859.

Catalogue du Musée de Peinture, Sculpture et Dessins de la Ville de Rennes, Rennes, 1863.

Catalogue du Musée de la Ville de Rennes renfermant les collections Peintures, Sculptures, Dessins et Gravures, Rennes, 1871.

Catalogue des Tableaux, Dessins (...) exposés dans les Galeries du Musée de la Ville de Rennes (par J. Jan), Rennes, 1876.

Catalogue des Tableaux, Dessins (...) exposés dans les Galeries du Musée de la Ville de Rennes (par J. Jan), Rennes, 1884.

CELLARIUS H. — « Die genealogischen Bildteppichen von Breda - Dillenburg » in *Naussauischen Annalen*, vol. 72, 1961.

CHANTELOU P. Fréart de — « Journal de voyage du Cavalier Bernin en France » in *Gazette des Beaux-Arts*, 1885.

CHEVALIER F. — « Les Impressionnistes » in *L'Artiste*, 1877/1.

CLARAC — *Description des ouvrages de la sculpture française...*, Paris, 1824.

CLÉMENT de RIS L. — *Les Musées de Province*, Paris, 1859.

CLÉMENT de RIS L. — *Les Musées de Province, histoire et description*, Paris, 1872.

COCKE R. — « A note on Mola and Poussin » in *The Burlington Magazine*, 1969, décembre, pp. 712-719.

COCKE R. — « Compte-rendu de T. Pignatti : Opera Complete » in *The Burlington Magazine*, novembre 1977, pp. 786-787.

COGLIATI ARANO L. — « Andrea Solario e Jean Clouet », in *Arte Lombarde*, VIII, 1963, 2.

COGLIATI ARANO L. — *Andrea Solario*, Milan, 1re éd., 1965.

COHEN Ch.-E. — « Drawings by Pomponio Amalteo », in *Master Drawings*, 1973, n° 3, pp. 252-253.

CONSTANS C. — « Les tableaux du Grand Appartement du Roi », in *Revue du Louvre*, 1976, n° 3.

CRELLY W.-R. — *The painting of Simon Vouet*, New Haven, London, Yale University Press, 1962.

CRICK-KUNTZIGER M. — « Bernard van Orley et le décor mural en tapisserie » in *Société Royale d'Archéologie de Bruxelles*, 1943.

CUZIN J.-P. — « Esquisses de Vincent dans les Musées Français » in *Revue du Louvre*, 1980, n° 2, pp. 80-87.

CUZIN J.-P. — « Autour de l'enlèvement d'Orithye. Esquisses de Vincent dans les musées français » in *Revue du Louvre*, 1980, n° 2, p. 80-87.

CUZIN J.-P. — « Vincent reconstitué » in *Connaissance des Arts*, mars 1986, n° 409, p. 38-47.

DEGENHART B. et SCHMITT A. — « Methoden Vasaris bei der Gestaltung seines « Libro » », in *Studien zur Toskanischen Kunst. Festschrift für C.H. Heydenreich*, 1964.

DEGENHART B. et SCHMITT A. — *Corpus der Italienischen Zeichnungen*, Münich, 1968.

DELECLUZE E.-J. — *Exposition des artistes vivants*, Paris, 1851.

DELOUCHE D. — *Les peintres de Bretagne avant Gauguin*, 1975, 2 t.

DEZALLIER d'ARGENVILLE A.-J. — *Abrégé de la vie des plus fameux peintres...*, Paris, 1745, nouv. éd. 1762, 4 vol.

DEZALLIER d'ARGENVILLE A.-N. — *Voyage pittoresque de Paris*, Paris, 1770.

DIMIER L. — *French Painting in the XVIIth century*, Londres, 1904.

DROSSAERS S.W.A. — « Inventaris van de meubelen van het Stadhonkerlijk Kwartier met het Speelhuis en van het huis in het Noordeinde » in *Oud Holland*, XLV II, 1930, pp. 263-268.

EHRMANN J. — « Caron et ses graveurs » in *Gazette des Beaux-Arts*, 1962, pp. 411-418.

EHRMANN J. — *Antoine Caron*, Paris, 1986.

FALDI I. — « Contributi a Raffaellino da Reggio », in *Bolletino d'Arte*, 1952, année XXXVI, pp. 324-333.

FÉ A.-O. — « Dessins de Le Sueur », in *Trudy Gos-nolarstvenuogo Ermitza*, 1961.

FLOQUET A.-P. — « Le carrosse de Rouen » in *Précis analytique des Travaux de l'Académie des Sciences, Belles-Lettres et Arts de Rouen pendant l'année*, 1835, pp. 206-217.

FOCK W. — « Nieuws over de tapyten, bekend als de Nassause Genealogie » in *Oud Holland*, 1969, t. 84, p. 1-28.

FOUCART B. — « Le militant de l'Impressionnisme » in *Beaux-Arts Magazine*, janvier 1986, pp. 40-47.

FOUCART B. — *Le renouveau de la peinture religieuse en France (1800-1860)*, Paris, 1987.

FOUCART J. — « Dessins d'Henri Lehmann (1814-1888) » in *Donation Baderou au Musée de Rouen, École Française, Études de la Revue du Louvre*, I. 1980, p. 174, n° 4.

FOUCART J. — « Alexandre et Diogène », à propos d'une grisaille d'A. Sallaerts » in *Bulletin des Amis du Musée de Rennes*, 1980, n° 4.

FOUCART J., PRAT L.-A. — « Quelques œuvres inédites d'Henri Lehmann (1814-1882) au Louvre et au Musée d'Orsay » in *La Revue du Louvre et des Musées de France*, 1983, n° 1.

FOUCART J. — « Tableaux de l'École du Nord : bilan d'acquisitions », in *Revue du Louvre*, 1983, n° 5-6.

FROND V. — *Panthéon des illustrations françaises du XIXe*, Paris, 1865, 69.

GAUTIER Th. — « La poésie dans l'art. Henri Lehmann » in *L'Artiste*, 1856, t. 55, p. 337-340.

GEORGEL P. — « Les transformations de la peinture vers 1848, 1855, 1863 », in *Revue de l'Art*, 1975, n° 27, pp. 62-77.

GERE J. — *Il manierismo a Roma*, collection *I Designi dei Maestri*, Milan, 1971.

GERE J. — « A new attribution to Correggio », in *Master Drawings*, 1977, n° 3, p. 256-257, repr.

GHIDYLIA QUINTAVALLE A. — *Arte in Emilia*, Parme, 1962, t. II.

GIAMPAOLO M. di — « Alessandro Bedoli « after » Girolamo ? », in *Prospettiva*, 1980, n° 22, oct.

GIBERT J. — *Projets pour sculptures, personnages*, Paris, 1975.

GLOTON M.-Ch. — *Pierre et François Puget*, Aix-en-Provence, 1985.

GOLSON L. — « Luca Penni, a pupil of Raphael at the court of Fontainebleau » in *Gazette des Beaux-Arts*, juillet 1957, pp. 17-36.

GONSE L. — *Chefs-d'œuvre des Musées de France*, Paris, 1904.

GOULD C. — « The Perseus and Andromeda and Titian's Poesie » in *The Burlington Magazine*, 1963, mars.

GRONKOWSKI G. — *Catalogue sommaire des collections municipales, Palais des Beaux-Arts de la Ville de Paris*, Paris, 1927.

GUICHETEAU M. — *Paul Sérusier*, Paris, 1976.

GUIFFREY J. et MARCEL P. — *Inventaire Général des dessins du musée du Louvre et du musée de Versailles. École Française*, 11 vol. parus, Paris, Musées Nationaux, 1907-1938.

HAMEL M. — « Les salons de 1904. Société Nationale des Beaux-Arts » in *Les Arts*, mai 1904, n° 29.

HARRIS A.-S. et SCHAAR E. — *Die Handzeichnungen von Andrea Sacchi und Carlo Maratta, Kataloge der Kunstmuseums Düsseldorf III, Handzeichnungen I*, Düsseldorf, 1967.

HARRIS A.-S. — *Andrea Sacchi*, Oxford, 1977.

HERDING K. — *Pierre Puget. Das bildenerische Werk*, Berlin, 1970.

HOLLSTEIN — *Dutch and Flemish etchings, engravings and woodcuts*, Amsterdam, dep. 1949.

HOWE J.-W. — *Thomas Couture, Catalogue of the artist's works*, Chicago, 1951.

HUARD G. — « Jouvenet et le « Triomphe de la Justice » aux Parlements de Bretagne et de Normandie » in *Bulletin de la Société de l'Histoire de l'Art Français*, 1931, p. 106-114.

HULFTEGGER A. — « Notes sur la formation des collections de peintures de Louis XIV » in *Bulletin de la Société de l'Histoire de l'Art Français, Année 1954*, Paris, 1955.

HULST R.-A. d' — « Enkele tekeningen van Theodor van Thulden », in *Album Auricorum J.-C. van Gelder*, La Haye, 1973.

INGERSOLL-SMOUSE F. — « L'œuvre peint de Paul Véronèse » in *Gazette des Beaux-Arts*, 1928, pp. 4-48.

JAFFÉ M. — « Un chef-d'œuvre mieux connu » in *L'Oeil*, juillet-août 1958.

JAN J. — *Catalogue des Tableaux, Dessins (...) exposés dans les Galeries du Musée de la Ville de Rennes*, Rennes, 1876.

JAN J. — *Catalogue des Tableaux, Dessins (...) exposés dans les Galeries du Musée de la Ville de Rennes*, Rennes, 1884.

KAUFFMAN G. — *Die Kunst des 16 Jahrhunderts*, Berlin, 1970.

LACAMBRE J. — « Peintures, dessins et sculptures du Moyen-âge au XIXe siècle » in *La Revue du Louvre*, 1968, n° 4-5, pp. 168-178.

LACAMBRE J. — « Dessins néo-classiques. Bilan d'une exposition, I, Acquisitions » in *Revue du Louvre*, 1976 n° 2, pp. 69-70.

LAMI S. — *Dictionnaire des sculpteurs de l'école française au XIXe siècle*, Paris, 1919.

LANNOY I. de — *Catalogue de l'œuvre de J.-J. Henner*, mémoire dactylographié de l'École du Louvre, 1987.

LANZAC H. — *Galerie Historique et Critique du XIXe siècle*, Paris, t. II, pp. 263-268, 1859-61.

LASKIN M. — « The sixteenth century in Paris » in *The Art Bulletin*, 48, 1966.

LAVALLÉE P. — « Les dessins français de la collection Robien au Musée de Rennes » in *Bulletin de la Société de l'Histoire de l'Art Français*, 1938.

LAVALLÉE P. — *Musée de Rennes, quatorze dessins de l'École Française*, Paris, 1939.

LAVALLÉE P. — *Le dessin français*, Paris, 1948.

LECARPENTIER Ch. — *Galerie des Peintres Célèbres, avec des remarques sur le genre de chaque maître*, Paris, Strasbourg et Londres, Treuttel et Wurtz, 1821, 2 t. en 1 vol.

LE GALLO Y. — *Bretagne*, Paris, 1969.

LENOIR A. — *Inventaire général des richesses d'art de la France, Archives du Musée des Monuments Français*, 3 vol, Paris/ 1883-1897.

LÉPICIÉ M. — *Catalogue raisonné des tableaux du Roy, avec un abrégé de la vie des peintres*, 2 vol., Paris, 1752-1754.

LEROY F.-N. — *Histoire de Jouvenet*, Caen, Hardel, Paris, Didion et Rouen, Le Brument, 1860.

LEVALLET-HAUG G. — « La vente de l'orfèvrerie de Guillaume le taciturne à Strasbourg », in *Annuaire des Amis du Vieux-Strasbourg*, 1975.

LIARD L. — *L'Université de Paris (La vieille université, la nouvelle université, la nouvelle Sorbonne)*, Paris, 1909.

LOCQUIN J. — *La peinture d'histoire en France, de 1747 à 1785*, Paris, 1912, rééd. 1978.

LOSSKY B. — *Inventaire des collections publiques françaises, « Tours, Peintures du XVIIIe siècle, Musée des Beaux-Arts »*, Paris, 1962, n° 83.

MARCUCCI L. — « Girolamo Macchietti Disegnatore » in *Mitterlungen des Kunsthistorisches Instituts in Florenz*, VII, 1953-56, pp. 121-132.

MARIE A. et MARIE J. — *Versailles au temps de Louis XIV*, t. III. Paris, 1976.

MARINI R. — *Tout l'œuvre peint de Véronèse*, Milan, 1968 (Paris, 1970).

MARTIN J.-R. — *Baroque*, 1977.

MÉJANÈS J.-F. et div. — « Musée du Louvre, Cabinet des Dessins, la Donation P.-F. Marcou et J. et V. Trouvelot », in *Revue du Louvre et des Musées de France*, 1981, n° 3, pp. 179-194.

MÉROT A. — Notice in cat., *Simon Vouet - Eustache Le Sueur -Dessins du Musée de Besançon*, Besançon, 1983, Rennes, 1984.

MEYER — *Geschichte der modernen Französichen Malerei seit 1789*, Leipzig, 1867.

MICHEL E. — « Dessins français. Dessins flamands » in *Les Arts Plastiques*, n° 11-12, 1949.

MILES H. — « The Treasure House of Marvels at Paris » in *The Burlington Magazine*, janvier 1973, pp. 31-35.

MIQUEL P. — *L'École de la Nature*, 1978, Paris, t VII-VIII (Ziem).

MIRIMONDE A.-P. de — « Pierre Maximilien Delafontaine, élève de David », in *Gazette des Beaux-Arts*, octobre 1956, pp. 31-38.

MONBEIG-GOGUEL C. — « Il manierismo fiorentino » in *I Designi dei Maestri*, 1971, n° 16.

MONBEIG-GOGUEL C. — *Musée du Louvre. Cabinet des Dessins. Inventaire Général des Dessins Italiens. I. Maîtres toscans nés après 1500, morts avant 1600. Vasari et son temps*, Paris, 1972.

MONTGOLFIER B. de — « Les Peintres de l'Académie Royale à la Chartreuse de Paris » in *Gazette des Beaux-Arts*, oct. 1964, pp. 199-216.

MORASSI A. — *G.B. Tiepolo, completa catalogue*, 1962.

MULLER-HOFSTEDE J. — « Review : L. Burchard and R. A. d'Hulst : Rubens Drawings » in *Master Drawings*, vol. 4, 1966, n° 4, pp. 435-454.

Musée de Bretagne, Catalogue-guide, div. aut., Rennes, 1981.

MUSSAT A. — « Un palais mieux connu au travers de l'érudition moderne » in *Arts de l'Ouest*, 1971, n° 2, pp. 29-46.

NEILSON W.-N. — « L'École de Fontainebleau » in *Master Drawings*, 1974, 2.

OLSEN — *F. Barocci*, Copenhague, 1962.

OURSEL H. — *Le Musée des Beaux-Arts de Lille*, Paris, 1984.

PIGNATTI T. — *Veronese, l'Opera Completa*, Venise, 1976.

POPHAM A.-E. — *Disegni di Girolamo Bedoli*, Viadana, 1971.

POPHAM A.-E. — *Correzgio's Drawings*, Londres, 1957.

POUNCEY P. — « Contributo a Girolamo Macchietti » in *Bolletino d'Arte*, XLVII, 1962, pp. 237-240.

PRAT L.-A. — Cf. Foucart, Prat.

« Procès-verbaux de la Commission des Monuments, 1er sept. 1793-16 mars 1794 », in *Nouvelles Archives de l'Art Français*, 1902.

RAGGHIANTI - COLLOBI L. — « Su un *corpus photographicum* di disegni », in *Critica d'Arte*, vol. III, n°s 4-6, 1938.

RAGGHIANTI - COLLOBI L. — « Pertinenze Francesi nel cinquecento » in *Critica d'Arte*, mars-avril 1972.

RAGGHIANTI - COLLOBI L. — *Il libro de' disegni del Vasari*, Florence, 1974.

RAMADE P. — « Dessins de la Renaissance » in *Bulletin de la Société des Amis du Musée des Beaux-Arts de Rennes*, 1978.

RAMADE P. — 1979, cf. BERGOT F., RAMADE P.

RAMADE P. — « L'École de Pont-Aven » in *Mémorial des Bretons*, tome V, Rennes, 1979.

RAMADE P. — « Le Sueur : Agar et l'Ange » *Dossier de l'œuvre du mois*, Rennes Musée des Beaux-Arts, n° 2, 1979.

RAMADE P. — « Véronèse : Persée délivrant Andromède », *Dossier de l'œuvre du mois*, Rennes, Musée des Beaux-Arts, n° 9, 1980.

RAMADE P. — *La Fuite en Égypte de Lagrenée Le Jeune*, Rennes, 1986.

RAMADE P. — « La Fuite en Égypte par Lagrenée le Jeune » in *La Revue du Louvre et des Musées de France*, 1986, n° 4-5, pp. 293-296.

REGOLI G. Dalli — « Un disegno giovanile di Filippo Lippo », in *Critica d'Arte*, 1960.

REYMOND M. — *Étude sur le musée de tableaux de Grenoble*, Paris, Librairie de l'Art, 1879.

RIVÉ P. — *La Sorbonne et sa reconstruction, 1881-1901*, Lyon, 1987.

ROEST VAN LIMBURG Th.-M. — « Vier Kartons van Barend van Orley », in *Onze Kunst*, III, 1904.

ROGER-MARX Cl. — *Les Impressionnistes*, Paris, 1956.

ROOSES M. — *L'œuvre de P. P. Rubens*, t. II, Anvers, 1888.

ROSENBERG P. — « Deux tableaux de Fetti » in *Revue du Louvre*, 1968, n° 4-5, pp. 205-207.

ROSENBERG P. et SANDT U. van de — *Pierre Peyron (1744-1814)*, Paris, 1983, 210 p.

ROSENBERG P. et BREJON A. — « Corrado Giaquinto et la France » in *Bibliotheca Melphictensis, II, Corrado Giaquinto*, 1984, pp. 69-87.

ROUGHÈS G. - *Véronèse*, Paris, 1950.

ROUX M. — *Bibliothèque Nationale, Département des Estampes, Inventaire du Fonds Français, graveurs du XVIIIe siècle*, tome I, Paris, 1930.

RUGGERI V. — *Gallerie de l'Accademia di Venezia, Disegni Lombardi*, Milan, 1982.

RUSK SHAPLEY F. — *Catalogue of the Italian Paintings. National Gallery of Art, Washington*, Washington, 1979.

SAINTE-MARIE J.-P. — « Inventaire des tableaux du Musée des Beaux-Arts de Troyes, XVe-XVIIIe s. », in *Information de l'histoire de l'art*. 1966, n° 3, p. 133-136.

SALERNO L. — *L'opera completa di Salvator Rosa*, Milan, 1975.

SANDT U. van de — Cf. Rosenberg et Sandt.

SAPIN M. — « Contribution à l'étude de quelques œuvres d'Eustache Le Sueur », in *Revue du Louvre*, 1978, n° 4.

SAUNIER Ch. — *Renaissance de l'Art Français, Le Musée de Rennes*, 1922.

SAUNIER Ch. — *Anthologie d'art français, la peinture au XXe*, Paris, 1922.

SCHAEFER S. — « The Studiolo of Francesco I de' Medici : a checklist of the known drawings » in *Master Drawings*, vol. XX, n° 2, 1982, pp. 125-131.

SCAVIZZI G. — « Ferrau Fenzoni as a draughtsman » in *Master Drawings*, n° 1, 1966, pp. 3-20.

SÉRULLAZ A. — « A propos d'un album de dessins de Jean-Germain Drouais au Musée de Rennes », in *Revue du Louvre*, 1976, n° 5-6, pp. 380-387.

SHEARMAN J. — « Le seizième siècle européen » in *The Burlington Magazine*, février 1966.

SHEARMAN J. — *The early italian pictures in the collection of her Majesty the Queen*, Cambridge, 1983.

SCHNACKENBURG B. — *Adriaen van Ostade, Isack van Ostade, Zeichnungen und Aquarelle, Workverzeichniss*, 2 vol., Hambourg, 1981.

SCHNAPPER A. — *Jean Jouvenet (1644-1717) et la peinture d'histoire à Paris*, Paris, 1974.

STANDEN Ed.-A. — « The Tapestries of Diane de Poitiers » in *Actes du Colloque International sur l'École de Fontainebleau*, Paris, 1975.

STEADMAN D.-W. — *Diepenbeck, catalogue raisonné*, U.M.I. Research, Ann Arbor, Michigan, 1982.

TAINE H. — *Les Carnets de voyage. Notes sur la province, 1863-65*, Paris, 1897.

TISSERON et LAURENT Ch. — « M. Henri Lehmann. Peintre d'histoire et de portraits. Membre de l'Institut, Officier de la Légion d'Honneur » in *Annales historiques et biographiques*, 1864.

THIEME U. et BECKER F. — *Allgemeines Lexikon der bildenden Kunstler van der Antike bis zur gegenwart*, Leipzig, 1926, t. XIX.

THIERRY E. — « Salon de 1850-51 » in *L'Assemblée Nationale*, n° 31, 31 janvier 1851.

THIERY M. — *Guide des amateurs et des étrangers voyageurs à Paris*, 2 vol. Paris, 1787.

TIETZE H. et TIETZE-CONRAT E. — *The drawings of the Venetian Painters*, New York, 1944.

TISSERON et LAURENT Ch. — « M. H. Lehmann, peintre d'histoire... » in *Annales Historiques et Biographiques*, 1864.

TRACHSLER W. — *Pierre Puget*, 1954.

VAISSE P. — « Couture et le Second Empire », in *Revue de l'Art*, 1977, n° 37, pp. 43-68.

VALLERY-RADOT J. — *Le dessin français au XVIIIe siècle*, Lausanne, 1953.

VEILLARD J.-Y. — *Rennes au XIXe siècle, Architectes, Urbanisme et Architecture,* Rennes, 1978.

VENNET Marie van der — « Deux projets d'Antoine Sallaert pour une tenture de l'histoire de Thésée » in *Bulletin des Musées royaux d'art et d'histoire,* Bruxelles, t. 50, 1978, pp. 253-258.

VENTURI A. — *Storia dell'Arte italiana,* Milan, IX, 4. 1929.

VERGNET-RUIZ J. et LACLOTTE M. — *Petits et grands musées de France,* Paris, Cercle d'Art, 1962.

VERTOVA L. — *Véronèse,* Milan 1959 (Paris, 1960).

VIATTE G. — « Nouvelles acquisitions des Musées de Province depuis 1960 » in *Revue du Louvre,* 1964, n° 4-5, p. 192, n° 62.

VIGNON Cl. — *Le Salon de 1851,* Paris, 1851.

VITZTHUM W. — « The museum at Rennes », in the *Burlington Magazine,* décembre 1961.

VITZTHUM W. — « Le dessin baroque à Naples » in *L'Oeil,* janvier 1963.

VITZTHUM W. — « Il barocco a Napoli e nel'Italia meridionale » in *I Designi dei Maestri,* n° 9, 1970.

WEIGERT R.-A. — *Bibliothèque Nationale, Département des Estampes, Inventaire du Fonds Français, graveurs du XVIIe siècle,* Paris, 1951, 1954.

WEISBACH W. — *Die französische Malerei des XVII Jahrhunderts im Rahmen von Kultur und Gesellschaft,* Berlin, Verlag Heinrich Keller, 1932.

WRIGHT Ch. — *The French Painters of the seventeenth century,* London, 1985.

Expositions citées en abrégé

1880 - *Thomas Couture. Exposition rétrospective,* Paris, Palais de l'Industrie.

1883 - *Henri Lehmann,* Paris, École des Beaux-Arts.

1895 - *9e exposition,* Paris, chez le Barc de Boutteville, avril.

1896 - *La Libre Esthétique,* Bruxelles, fév.-Mars.

1900 - *Exposition centennale de l'Art Français,* Paris.

1931 - *Thomas Couture,* Senlis, Musée des Beaux-Arts.

1935 - *Les Chefs-d'œuvre du Musée de Grenoble,* Paris, Petit Palais.

1949-50 - *Le dessin français de Fouquet à Cézanne,* Bruxelles, Rotterdam.

1950 - *Meisterwerke aus Frankreichs Museum,* Vienne, Albertina.

1950 - *Les chefs-d'œuvre du Musée des Beaux-Arts de Rennes,* Rennes, Hôtel de Ville.

1951 - *Rétrospective Caillebotte,* Paris, Galerie des Beaux-Arts, 25 mai-25 juillet (liste de 89 œuvres, pas de texte).

1952 - *Nassau-Oranje Tentoonstelling,* Breda, Huis van Brecht.

1952-53 - *French drawings, Master pieces from five centuries,* USA. Washington, National Gallery ; Cleveland, Ohio, Art Museum ; St-Louis, Missouri, City Art Museum ; Harvard, Fogg Art University ; New York, Metropolitan Museum of Art.

1953 - *Monticelli et le baroque provençal.* Paris, Orangerie.

1956 - *De Giotto à Bellini,* Paris, Orangerie.

1956 - *Gauguin et ses amis, exposition du groupe de Pont-Aven ,* Copenhague, Galerie Winkel et Magnussen, juin.

1956 - *Tekeningen van P. P. Rubens,* Anvers, Rubenshuis.

1958 - *The Age of Louis XIV,* Londres, Royal Academy, Winter Exhibition.

1958 - *Le XVIIe siècle français, chefs-d'œuvre des musées de province,* Paris, Petit Palais, mars.

1959 - *Das 17. Jahrhundert in der Französischen Malerei,* Berne, Kunstmuseum.

1959-60 - *Il Disegno francese da Fouquet a Le Nain,* Rome.

1960 - *Je maintiendrai,* Delft, Musée Het Prinsenhof.

1961-62 - *Héritage de France,* Montréal, Musée des Beaux-Arts ; Québec, Musée de la Province du Québec : Ottawa, National Gallery of Canada ; Toronto, Art Gallery.

1962 - *Le Groupe de Pont-Aven,* Paris, Galerie Mons.

1963 - *Paul Gauguin et le groupe de Pont-Aven,* Pont-Aven, Hôtel de Ville.

1963 - *Maurice Denis,* Paris, Galerie des Beaux-Arts, avril-mai.

1963 - *Charles Le Brun,* Versailles, Château.

1963 - *Maurice Denis,* Albi, Musée Toulouse-Lautrec, juin-septembre.

1963 - *Handzeichnungen und Aquarelle aus den Museen Frankreichs,* Lausanne, Kunsthaus Aarau.

1963 - *Les Nabis et leurs amis,* Mannheim, Kunsthalle.

1964 - *Maurice Denis,* Londres, Galerie Wildenstein, avril-mai.

1965 - *Maurice Denis,* Paris, Galerie Montmorrency, juin-juillet.

1965-66 - *Le XVIe européen dans les collections publiques françaises,* Paris, Petit Palais.

1966 - *Jean Jouvenet (1644-1717),* Rouen, Musée des Beaux-Arts, juin-septembre.

1967 - *Chef-d'œuvres des collections privées,* Saint-Germain-en-Laye, fév.-mars.

1967 - *Paris in the nineties,* Londres, Galerie Wildenstein.

1967 - *Maurice Denis,* Angers, Musée des Beaux-Arts, juin-août.

1967-68 - *French Paintings from French Museums - XVIIe - XVIIIe centuries,* San Diego (CA), Fine Arts Gallery ; California, Palace of the légion d'Honneur ; E.B. Crocker Art Gallery ; Santa Barbara, Museum of Art.

1968 - *Au temps du roi soleil. Les peintres de Louis XIV,* Lille, Palais des Beaux-Arts.

1968-69 - *Angelica Kauffman et son temps,* Bregentz.

1968-69 - *Baudelaire,* Paris, Petit Palais.

1970 - *Jean Le Moal,* Rennes, Musée des Beaux-Arts.

1970 - *Maurice Denis,* Paris, Orangerie des Tuileries, juin-août.

1970-71 - *Four american in Paris - The collections of Gertrude Stein and her family,* New York, Museum of Modern Art.

1970-71 - *Dessins du Nationalmuseum de Stockholm,* Paris, Musée du Louvre, Cabinet des Dessins.

1971-72 - *Maurice Denis,* Brême, Zürick, Copenhague.

1972 - *Dessins de la collection Robien,* Paris, Cabinet des Dessins ; Rennes, Musée des Beaux-Arts.

1972-73 - *L'École de Fontainebleau,* Paris, Grand Palais.

1972-73 - *Il Paesaggio nel Disegno del Cinquecento Europeo,* Rome, Académie de France, Villa Médicis.

1974 - *Dossier d'un tableau : Heemskerck : Saint Luc peignant la Vierge,* Rennes, Musée des Beaux-Arts, 12 octobre-20 décembre.

1974-75 - *Néo-Classicisme français - Dessins des Musées de Province,* Paris, Grand Palais ; Copenhague, Musée Thornvaldsen.

1975 - *Disegni di Federico Barocci,* Florence, Gabinetto Disegni e Stampe degli Uffizi.

1975 - *Le XVIIIe siècle français, de Watteau à David,* Bruxelles, Palais des Beaux-Arts, 26 oct-30 nov.

1976-77 - *Gustave Caillebotte. A retrospective exhibition,* Houston, Museum of Fine Arts, New York, Brooklyn Museum.

1977 - *P. P. Rubens,* Anvers, Musée Royal des Beaux-Arts.

1977 - *La peintre flamande au temps de Rubens, Trésors des musées du Nord de la France,* Lille, Calais, Arras.

1977 - *Charles-Joseph Natoire, peintures, dessins, estampes et tapisseries,* Troyes, Musée des Beaux-Arts ; Nîmes id. ; Rome, Villa Médicis.

1977 - *Le siècle de Rubens dans les collections publiques françaises,* Paris, Grand Palais.

1978 - *L'art maniériste,* Rennes, Musée des Beaux-Arts.

1978 - *La peinture en Provence au XVIIe siècle,* Marseille, Palais Longchamp, juillet-octobre.

1978-79 - *L'École de Pont-Aven dans les collections publiques et privées de Bretagne,* Quimper, Musée des Beaux-Arts ; Rennes, id. ; Nantes, id.

1979 - *Hajdu, œuvres sur papier,* Paris, Musée Nationale d'Art Moderne.

1979 - *L'Art religieux à Venise, 1500-1600,* Nice, Musée National du Message Biblique, Marc Chagall, 7 juillet-1er octobre.

1979-80 - *Civilta del '700 a Napoli, 1734 - 1799,* Naples, Museo e Gallerie Nazionali di Capadimonte.

1980 - *Firenze e la Toscani dei Medici nell' Europa del Cinquecento - Il primato del disegno,* Florence.

1980 - *Le Brun 80,* Rennes, Musée des Beaux-Arts.

1980 - *Correspondances, dessins et gravures du XVIIe français,* Rennes, Musée des Beaux-Arts, 12 juin - 29 septembre.

1981 - *Van Orley et les artistes de la Cour de Marguerite d'Autriche,* Brou.

1981 - *Donation Marcou Trouvelot,* Paris, Cabinet des Dessins, sans cat.

1981 - *Finger Prints of the artists. European Terra-Cotta Sculpture from the Arthur M. Sackler Collection.* Washington, the Arthur Sackler Foundation ; Cambridge (Mass.), Fogg Art Museum.

1982 - *The golden Age of Naples, Art and Civilization under the Bourbons (1734-1805),* Detroit, Detroit Institute of Arts ; Chicago, The Art Institute.

1982 - *Patrick Raynaud,* Rennes, Musée des Beaux-Arts, juin-août.

1982 - *Gonzalez,* Paris, Musée National d'Art Moderne ; Rennes, Musée des Beaux-Arts.

1982 - *Les morceaux de réceptions gravés de l'Académie Royale de Peinture et de Sculpture : 1672-1789,* Kingston (Canada), Agnes Etherington Art Center, Queen's University.

1983 - *Henri Lehmann (1814-1882), Portraits et décors parisiens,* Paris, Musée Carnavalet, 7 juin-4 septembre.

1983 - *Acquisitions 1979-82,* Rennes, Musée des Beaux-Arts.

1983-84 - *Raphaël et l'art français,* Paris, Grand Palais, nov.-déc.

1983-84 - *Schilderkunst mit de eerste hand. Olieverfschetsen Van Tintoretto tot Goya,* Rotterdam, Museum Boymans van Beuningen ; Braunschweig, Herzog Anton Ulrich-Museum.

1984 - *Simon Vouet - Eustache Le Sueur, Dessins du Musée des Beaux-Arts de Rennes,* avril-juin.

1984 - *La Renaissance et le Nouveau Monde,* Québec, Musée du Québec ; La Rochelle, Musée du Nouveau Monde.

1984 - *Charles Cottet,* Quimper, Musée des Beaux-Arts.

1985 - *Autour de Gauguin à Pont-Aven,* Marcq-en-Baroeuil, Fondation Prouvost.

1985 - *Dessins étrangers du Musée de Rennes,* Alençon, Musée des Beaux-Arts et de la dentelle, 8 fév.-14 avril.

1985 - *Hommage à F. Chaigneau,* Musée de Barbizon.

1985 - *Autour de Gauguin à Pont-Aven,* 1886-1894, Marcq-en-Baroeuil, Fondation Septentrion, mars-juin.

1985 - *Andrea Solario en France,* Dossier du Département des Peintures, n° 31, Paris, Musée du Louvre.

1985 - *Tobie, vu par les peintres,* Pau, Musée des Beaux-Arts, été.

1985 - *The achievement of a connaisseur - Philip Pouncey. Italian drawings,* Cambridge, Fitzwilliam museum, octobre-décembre.

1986-87 - *The age of Bruegel,* Washington, National Gallery.

1987 - *La Chartreuse de Paris,* Paris, Musée Carnavalet, 12 mai-9 août.

Index des œuvres étudiées

N.B. Cet index ne comprend pas les œuvres recensées dans le répertoire p. 142-148.

CRÉDIT PHOTOGRAPHIQUE

Arras	Leroy	26b
Berlin	Jörg P. Anders	2b
Buffalo (USA)	Allbright-Knox Art Gallery	21a
Caen	Cl. Martine Seyve Cristofoli	7b
Chambéry	Cl. Fontana	19e
Chateaugiron	Frac Bretagne	40f, g
Compiègne	Photo Hutin	20a, b, c, d, e
Copenhague	Korgeÿge Kobberstik Samling	34d
Düsseldorf	Kunstmuseum	34b, c, e, f, g
Edimbourg	Tom Scott	11b
Grenoble	Photo Piccardy	37c
Le Havre	Musée Beaux-Arts	36b
Münich	Staatliche Sammlung	23a, 30a à d
Paris	Bibliothèque Nationale	23b, 23e, 24b, 28b, c, 35c
Paris	Collection Naudet	40a, b, 40h
Paris	Collection particulière	32 : fig. 2
Paris	École Beaux-Arts	23f, 42a à d, 43a, b
Paris	Lauros-Giraudon	12c, 16c, 27b
Paris	Photo Bulloz	37b
Paris	Réunion des Musées Nationaux	4b, c, d, 5h, 10a, 12f, 13a, c, d, 32c, d, 35b, 37d, 44b, 45d, e
Paris	Studio Lourmel	11b
Rennes	Inventaire Bretagne	37c
Rome	Gabinetto fotografico nazionale	32 : fig. 2
Rome	Istituto centrale per il catalogo e la documentazione	33b
Rouen	Musée des Beaux-Arts	44c
Senlis	Bernard Mandin	20j
Troyes	Musée	29b
Turin	Chomon-Perino	23d
Vatican	Musei	34h
Washington	National Gallery	1b

Table des matières